María Matienzo Puerto

ORQUESTA HERMANOS CASTRO

LA ESCUELITA

© 2020 María Matienzo Puerto
©Unos&OtrosEdiciones, 2020

ISBN-13: 978-1-950424-31-3
Título: Orquesta Hermanos Castro. La escuelita
© María Matienzo Puerto
Edición: Armando Nuviola
Correcciones: Diana Fernández Fernández
Diseño de cubierta: Armando Nuviola

UNOSOTROS

UnosOtrosCulturalProject

www.unosotrosediciones.com

Un publicación de UnosOtrosEdiciones

Hecho en Estados Unidos de America, 2020

«*La lucha del hombre contra el poder, es la lucha de la memoria contra el olvido*».

Milán Kundera
El libro de la risa y el olvido

«*Hay en este mundo un concepto erróneo. Los límites de Cuba no son geográficos, sino sonoros. No limita al este con el Golfo de México, ni al norte con la Florida. […] Cuba no es una isla*».

Ramón Fernández-Larrea
Kabiosiles. Los músicos de Cuba

A Carlos, Silvia y Maribel, descendientes de la familia musical

A todos los que brindaron sus recuerdos y sus conocimientos

A los amigos que me ayudaron con sus lecturas

ÍNDICE

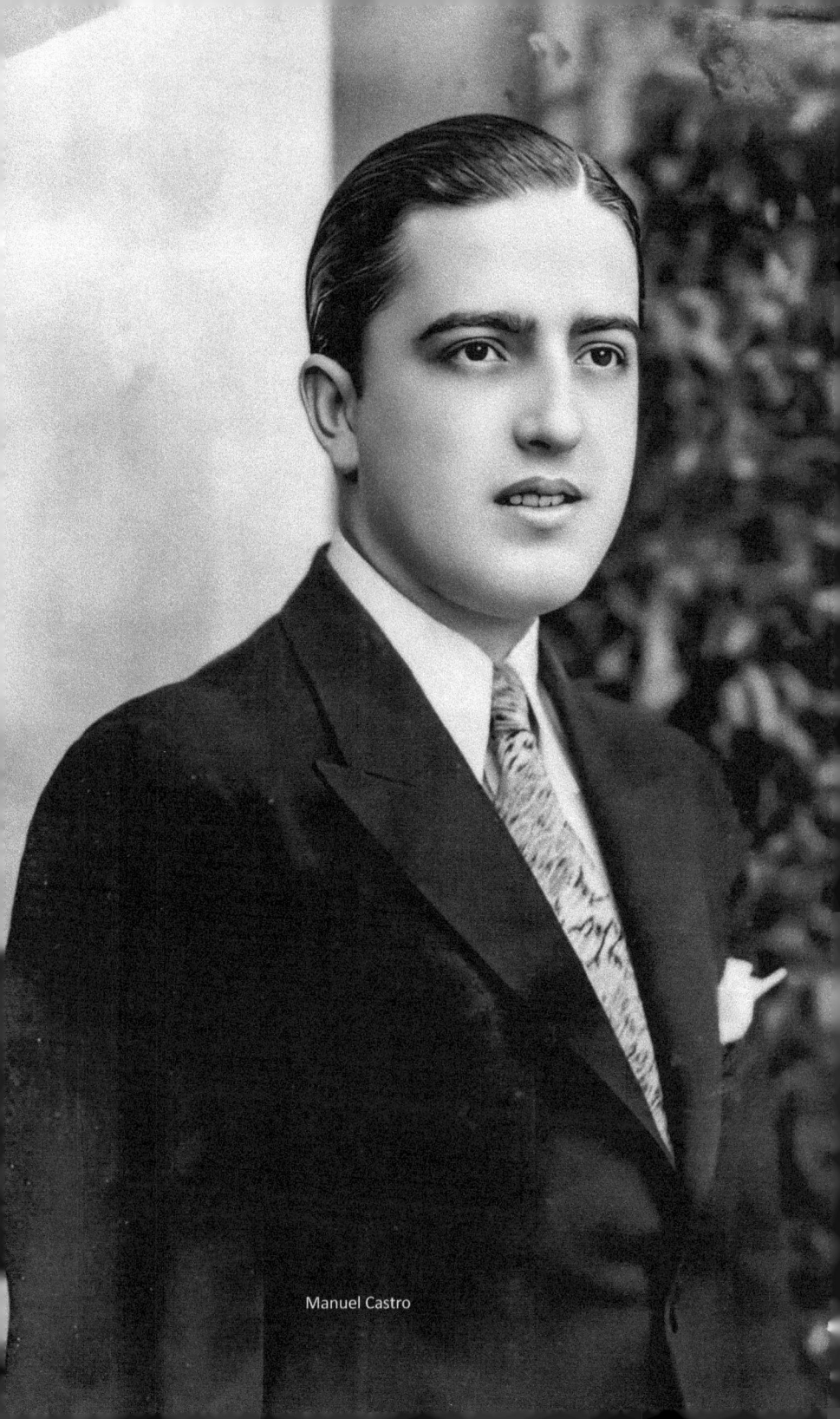

Manuel Castro

LA FAMILIA. GUANABACOA. LA MÚSICA (1908-1928)

L a historia de una época, de una ciudad, de un barrio, de una casa, de una orquesta, no comienza si no es contando la vida de uno de sus protagonistas. Así sucede con La Habana de la primera mitad del siglo XX, con el barrio de Colón, con Consulado No 207 y con la Orquesta Hermanos Castro.

El puerto de La Habana, en 1907, seguía siendo un buen destino para los emigrantes españoles. El sueño americano estaba en el Caribe. La idea de amasar una fortuna con el arribo a estas costas del mundo era frecuente, sobre todo entre los que en la Península no tenían nada que perder. Por eso, apenas José Castro se licenció del ejército español y se casó con Rosario Hidalgo, él y su esposa zarparon en el vapor *Marqués de Comillas*, desde el puerto de Cádiz, rumbo al éxito.

Ya no eran los cónyuges los únicos miembros de la familia: Manolo de dos años correteaba entre los tripulantes de segunda clase. Era una bendición tenerlo. Antes de aventurarse, José sabía de las prebendas hacia los nacionales: solamente que le aseguraran un empleo ya era más que suficiente. Con el niño la estrategia sería simple y precisa: inscribirlo como cubano.

Ver El Morro, la entrada de la bahía y el gentío de negros, blancos, mestizos, quizás resultara decepcionante, sin embargo, de alguna manera José ya estaba sobre aviso, no era el primer barco que arribaba a estas costas, y aunque los cuentos de quienes regresaban eran fantásticos y la estirpe de sus apellidos alguna vez fuera ilustre, era conciente de que el futuro dependería de su esfuerzo personal.

Entonces, lo mejor sería pasar las primeras noches en algún hotel humilde, pero de reconocida moralidad, recomendado por los que esperaban en el puerto anunciando hospedaje y cualquier tipo de servicios.

Recorrer la ciudad, buscar las oficinas de trámites de registro de inmigrantes, y esperar el tiempo prudencial para inscribir a un niño nacido en estas tierras calientes, serían los próximos pasos.

La arquitectura no era muy distinta a la de su tierra, la influencia morisca, los grandes arcos, los solares, los vitrales. Marcaba la diferencia la algarabía mestizada: nunca había visto tanto negro junto, tanta chusma reunida, tantas casas de vicio ni tanto distanciamiento de la iglesia y de la autoridad, propios de lugares en pleno desarrollo urbano. Solo el mismo puerto de Cádiz podía comparársele. De la insalubridad ya había tenido un poco, pero de la promiscuidad que se respiraba, estaba seguro que quería alejarse. Lo mejor sería buscar cómo asentarse en las afueras, donde la agitación era menor, el aire más puro y la vida más barata, y quizás, pudiera encontrar un trabajo que le permitiera darle de comer a su familia.

Casi cuatro siglos bajo la metrópoli española; treinta años de lucha por la independencia; unos pocos de República y Cuba seguía siendo rebelde, por causas que él no llegaba a comprender, y que nunca llegarían a interesarle. Así que su decisión de alejarse de las armas y de la vida uniformada, que quizás le hubiesen dado un estatus diferente, estaba bien tomada. El otro oficio que conocía era el de la marmolería, pero, aunque esta era una ciudad que se veía despuntar, faltaban al menos veinte años antes de que los primeros grandes edificios con pisos y columnas se alzaran.

Guanabacoa, una de las primeras villas de la isla, conservaba la iglesia y los colegios religiosos. Famosa por su escuela de música, por la reserva de indios y sus abundantes manantiales, y pese a que no lograba escapar de lo negro, parecía el lugar ideal. La villa tenía suficiente desarrollo como para que el trabajo sobrara y le permitiera no perder de vista la educación de su hijo ni el cuidado de su mujer.

Los nuevos aires no le brindaban mucha estabilidad: una colocación aquí y otra allá era todo lo que podía encontrar, y no pensaba rendirse. Antes de que naciera el resto de la descendencia a que aspiraba, José Castro inscribió a su hijo Manuel Castro Hidalgo, el 12 de mayo de 1908. El siguiente fue Pepito que moriría en la niñez porque no había salido con suficiente fuerza para sobrevivir al mosquito, al clima y a los constantes cambios de hogar. Y, bajo el pensamiento de que las familias mientras más numerosas, sobre todo en varones, más prósperas en el futuro, al primogénito, Manolo, que ya iba a la escuela, le siguieron Antonio, Carmita, Dolores o Lolita como la conocían, y, por último, Juan y Andrés.

Quizás por pura intuición, y bajo el influjo de una tierra llena de rumbas y cantos ya de origen africano o indígena, de directores de orquestas y pianistas, José estaba cultivando, lo que sería para él un sacrificio, y para sus hijos el placer y el esplendor en la música. Ni los varones ni las hembras recibieron la misma instrucción, y pese a que escogieran distintos caminos, la música los unió hasta el final.

Lolita, por ejemplo, concentró en su persona toda la alegría y la sandunga de que carecía el resto de los Castro, tal vez reunió en ella la herencia materna. No estudió el piano, sin embargo, tenía un oído extraordinario e interpretaba cualquier melodía, que hubiese oído una sola vez. Durante la década de los treinta ella y su hermana Carmita tocaron en una orquesta femenina hasta que Lolita se casó y, como Julio Galvés, el marido, era muy machista no le permitió continuar.

Aun después de casada, cuando las obligaciones se lo permitían y eran invitados a algunos bailes, ella cantaba como lo hizo en más de una ocasión con el músico y amigo de la familia, Barbarito Diez, ya famoso, entonces, por sus interpretaciones en la orquesta danzonera de Antonio María Romeu. De mayor se le recuerda en la sala de la casa, rodeada por su familia que se deleitaba al escucharla interpretar melodías sazonadas con chistes y malas palabras, a la par que fumaba, uno tras otro, cigarros que consumía hasta el final.

Mientras la prole de los Castro vivió en la villa de Guanabacoa, debió cambiar de casa cada vez que el depósito inicial del alquiler se agotaba. En más de una ocasión José llegaba de la jornada diaria y encontraba una nota de Rosario que le avisaba del nuevo lugar. Así sobrevivieron a la absoluta miseria, hasta que Manolo con solo trece años pudo incorporarse a la Banda Municipal. Con su clarinete y sus pantalones cortos figuraba entre los más pequeños del grupo, integrado también por Rogelio Barba, Francisco Nugué Piedra,

Ignacio Villa y Froilán Maya. Todos con un brillante futuro como orquestadores, directores e intérpretes de música culta o popular. No caben dudas que Manolo era de los más talentosos del auditorio que instruía el maestro y director de orquesta, Gerardo Guanche, en la calle Martí, No. 206, Guanabacoa.

Primera fila de la izquierda (flauta) Manolo Castro de niño. Guanabacoa, 15 de agosto de 1922

Con la profesión a medio camino y los pies colgando del banco, ayudaba en la economía de la casa, mientras amenizaba al piano la película silente que se proyectaba en el teatro de la villa. Pero su atrevimiento iba más allá y, al fundar uno de los primeros intentos de *jazz band* cubana, entra con su saxo alto, junto a José Ramón Betancourt, en el saxo tenor; Pedro Mercado, en la trompeta; Enrique Santisteban, en la batería y como cantante; todos bajo la dirección y el piano de Eliseo Grenet, actuando en los cabarets Montmartre y el Jockey Club.

Cuando tuvo más edad comenzó a contratarse en orquestas norteamericanas, mientras esperaba largamente, que sus hermanos terminaran los estudios de música. Espera que se hacía inaguantable por la despótica actitud de los directores norteamericanos, quienes estigmatizaban a los músicos cubanos como indisciplinados e ineptos, lo que a él le tocaba de cerca.

Las noches en el Hotel Sevilla Biltmore[1] con un pago misera-ble y un público que venía a saciar la sed de la promulgada Ley Seca norteamericana, fueron una escuela. De ellas aprendería una disciplina férrea, asumiría la dignidad de quien siente el desdén

[1] Inaugurado en 1908, en Prado n.º 255, fue convertido en 1924 en Sevilla Biltmore. Durante su estancia en La Habana, Caruso se hospedó en una de sus habitaciones.

y la certeza de que la música que soñaba hacer estaba alejada del *fox trot*, las canciones *low* norteamericanas, el *swing*, y muy cercana a la experimentación y los danzones; y más tarde, al bolero, al mambo, la samba y a cuanto género pudiera incorporarle el tumbao del son. Esa idea de la música iba en contradicción con el racismo que le venía de crianza, el creciente número de músicos negros talentosos, y la necesidad de, para llevar a cabo sus planes, incluir la percusión de origen africano.

A veinte años de haber arribado la familia, comenzaron las grandes edificaciones y el padre, José Castro verá la oportunidad de empleo en la construcción de El Capitolio y de cuanto edificio importante se levantase en la ciudad. El centro de La Habana de la que habían estado huyendo ya no era el potrero al que habían arribado a principios de siglo, sino un sitio en pleno apogeo y expansión con viviendas edificadas para una clase media que surgía de la política y la modernidad, con casas de huéspedes, cafeterías, bares, bodegas, clubes y hoteles. Y todos volverían a ella, aunque vivieran en el hogar de unos parientes, mientras no pudieran pagar un alquiler decoroso. Por suerte, la concepción para las casas de familia, si bien hacinadas unas contra otras, seguía siendo la espaciosidad tanto de los sitios comunes como de las habitaciones interiores.

Para finales de 1920, Antonio, el segundo hermano, terminados sus estudios, se graduó en el instrumento de trombón, también bajo la tutela de Gerardo Guanche, que, con ciertas consideraciones económicas, y centrado en el talento musical de esta familia, había aceptado instruirlos musicalmente.

SE FUNDA LA ESCUELITA (1929-1939)

Debuts

Llegó 1928. Antonio también había concluido los estudios de música. Juan, el tercero de los hermanos varones aún estudiaba, pero el talento al piano le permitía alternar las lecciones con el conjunto, y aunque todavía faltaba Andrés, que por ser el más pequeño, apenas comenzaba bajo la tutela del maestro Gerardo Guanche, Manolo Castro ya podía tener su propio conjunto para componer e interpretar la música que había soñado.

Al principio, eran unos pocos amigos: Juan Castro en el piano; Antonio como trombonista; Ochoa, capitán del ejército, trompeta; Raúl Anckermann, violinista; Molina Jr., bajista; Alfredo Hirsch, cantante y Manolo Castro al saxofón.

El rumor corrió entre bares y bohemios, porque no era habitual que un músico sin linaje artístico estuviera dispuesto a arriesgar hasta lo que no tenía, por hacer música fuera de la batuta norteamericana.

Las relaciones cubanoamericanas resultaron ser el catalizador para la asimilación del formato *jazz band* en Cuba, y especialmente de las *big bands*. La burguesía impulsaba la inversión norteamericana y a la vez sentía la necesidad de asumir una identidad lo que propició los eventos transculturales más importantes de la historia musical. Las *big bands* cubanas satisficieron el mercado que sirvió, no solo como promoción de la mejor música cubana, sino también de gran parte de sus mejores exponentes.

Aun cuando la batería revelaba la influencia del norte y, para empezar, tuvieran que ganarse a un público que sabía lo que venía a buscar a la isla, tocando lo mismo de siempre, al menos, la alineación permitiría solo a cubanos.

El sueño creció de la noche a la mañana y la concepción de formar un «conjunto» se amplió hasta llegar a un *jazz band*: la primera con secciones de metales, saxofones y ritmo. Entonces, pasarían a integrarla Luis Rubio y Walfredo de los Reyes en las trompetas; José Manuel Peña alternando con Antonio Castro en el trombón; Liduvino Pereira y Alfredo Sáenz junto a Manolo Castro, en el saxo alto; Evelio Reyes y Chiquito Oréfiche, saxo tenor; y como cantantes: Alfredo Hirch, Clark Dennis y más tarde, Miguelito Valdés.

Y es que Manolo ya era conocido por su virtuosismo con el saxo alto entre los integrantes de la Orquesta Hermanos Palau, fundada en 1922, con el nombre de Los Califantes, bajo la dirección de Gerardo Palau. Por supuesto, las murmuraciones de que estaba interesado en formar su propia orquesta rodarían de boca en boca porque, gracias a esta experiencia en la Hermanos Palau, había compartido con Gerardo, Genaro, Edmundo, Felipe, Rafael, Felipe, Luciano y Lorenzo Palau; con Félix Lucas Guerrero Reyna, en la guitarra y Germán Pinelli, como cantante.

Junto a ellos había recorrido las plazas bailables de los hoteles Plaza, Sevilla y Almendares; los cabarets Casino Nacional, Summer Casino y el Sans-Souci.[2]

Aunque mayo de 1929 fuera el inicio de un largo matrimonio entre la orquesta y el mismo Manolo Castro, quien nunca la abandonaría y exigiría la misma fidelidad a sus hermanos, el resto de los integrantes serán aves de paso, utilizarán a la agrupación como plataforma de despegue para formar sus propios proyectos o les resultará de gran utilidad como escuela musical.

El debut de la orquesta en la sociedad habanera fue propiciado por Pablo Álvarez de Cañas, en un círculo selecto y podero-

---

[2] Road House en el reparto La coronela, Marianao.

so económicamente, con un contrato con el Havana Yatch Club. Manolo no había perdido tiempo durante su paso por los Palau y las relaciones que había establecido comenzaban a florecer.

El prestigio que iban ganando en el adinerado club y en los salones del Vedado Tennis Club, en la periferia del Vedado, donde hacían gala del bandoneón, les permitió alternar en el año 1929 otras presentaciones en el Teatro Nacional[3] y en el Teatro Campoamor,[4] con la pareja de baile David and Hilda Murray, donde batieron los records de entrada, pues se mantuvo un promedio de ingresos de mil pesos diarios.

Ambos teatros constituían un reto para el conjunto. Al Campoamor lo apreciaban como «al más musical de los teatros»; y el Nacional poseía una acústica especial concebida desde su creación para la ópera. Al Campoamor se llegaba por una de las entrecalles del bulevard San Rafael y, al igual que el Nacional, colindaba con la arboleda que estaba siendo sustituida por los parques de El Capi-

---

[3.] Actualmente es conocido por el Gran Teatro de La Habana o el García Lorca, recientemente nombrado Teatro Alicia Alonso, situado en el Paseo del Prado.
[4.] Hoy entre sus ruinas se puede apreciar algo de su esplendor. Se encuentra situado en Industria y San Martín n.º 411, Centro Habana. Sin embargo, el primer teatro que existió fue construido en Prado n.º 3, esquina a Zulueta, por el español José Albisu. Este fue demolido en enero de 1925 y en su lugar se construyó el Centro Asturiano de La Habana.

tolio. La joven agrupación había logrado llenar uno y otro espacio histórico con sus programas musicales y artísticos.

Del entusiasmo inicial habían pasado a competir en un mercado que pensaban topado; sin embargo, parecía que el público esperaba que ocurriera algo parecido a lo que hicieron los Hermanos Castro, porque desde el inicio las puertas a la fama estuvieron abiertas.

Así, el 14 de junio de 1930, en la finca El Aljibe es reclamada la presencia de los músicos. Sitio pintoresco, detrás de El Chico, en las proximidades del pueblo del Wajay, dotado de amplios y típicos salones donde comía, bailaba y se divertía la gente. Armando Herrera, director del lugar pensó en la orquesta para amenizar una fiesta en honor al embajador de España y a la señora de Méndez de Vigo. Los invitados pasaban de doscientos y eran un grupo numeroso de matrimonios de alta sociedad.

Los arreglos florales y el decorado futurista abrirían sus puertas al público a partir de las diez de la noche y compartirían el escenario con la Orquesta del Country Club, de Arturo Guerra y el Trío Yoyo, integrado por Heliodoro, Yoyo, Rodríguez, director, güiro y voz prima; Celodino Hernández en la guitarra; y Jesús Chucho Aristola, marímbula y coro.

Paralelamente la ciudad seguía en movimiento y la radio se convertía en un monstruo de la difusión cultural. Ya no bastaba con las apariciones en vivo, el ingenio humano había creado un artefacto capaz de difundir sonidos, y el público, con toda comodidad desde sus casas, podría escuchar y hasta bailar.

En sus inicios la radio, que disponía de horarios limitados, ofrecía una pobre programación de discursos e interpretaciones musicales grabadas. Sin capital ni iniciativa artística, los empresarios de las plantas pequeñas no se aventuraban a más. Sin embargo, cuando la CMBZ, instalada en una tienda de instrumentos musicales en la calle San Rafael, dio el paso adelante y contrató a la que se consideraba la orquesta de *jazz* más completa y moderna de La Habana de entonces, la Hermanos Castro, comenzó una carrera interminable de promoción y contratos a agrupaciones de diversos formatos.

Los dueños de La Casa Salas, Manuel y Guillermo Salas, comerciantes en el mundo musical demostraron que se podía, desde una cabina de transmisiones, propagar el sonido de catorce instrumentos y una voz, aunque todos tuvieran que transmitir en ropa interior, porque el calor era insoportable. Las relaciones de amistad con Luis Suao, quien se casaría con la hija de uno de los Salas, había influido para que la orquesta asumiera el riesgo, a pesar de ser una época en que Manolo estaba dispuesto a experimentar con tal de ganar terreno en la promoción de su sueño.

En 1930 no solo fueron unos de los primeros conjuntos orquestales de calidad que salieron al aire, sino que además —si bien de forma forma esporádica y limitada— se convirtieron en artistas regulares de la Radio Victor desde la estación CMBZ, compartiendo el espacio con la orquesta de Antonio María Romeu, quien ya había transmitido en 1923, por la PWX con la de Alfredo Brito y la del profesor Barba.

La oportunidad de la radio, significaría para los Castro un boleto a la popularidad, el acceso al público que no podía asistir a sus presentaciones en el Havana Yacht Club o en el Vedado Tennis Club.[5]

24

---

5. Se edificó en la calle 12, n.º 106, actualmente radica el Centro Universitario José Antonio Echevarría.

Los cines eran otros espacios menos elitistas que las fiestas de sociedad. Un periodista que pasaba por el cine Encanto[6] comenta en *El Heraldo de Cuba* lo bien que se escuchaba el *fox* de «El Dandy», ejecutado por los jóvenes músicos y le pareció que en el cine se estaba ensayando el magna-film o se trataba de una novísima cinta estereoscópica, pero para su sorpresa no se ensayaba nada ni era una orquesta americana vitafónica, sino que se trataba de una *jazz-band* criolla que, en vez de dar lamentos líricos, aprovechaba sus lecciones y hacía de lo viejo, algo novedoso.

El cine-teatro Encanto, ubicado en la calle Amistad n.º 71, y bajo el patrocinio de Burgay y Cía., comenzó anunciando en su programa —con una tirada de tres mil ejemplares— la presentación de los hermanos durante una semana. Luego del éxito de taquilla que tuvieran, este también sería un espacio habitual con función a las cinco y media de la tarde y a las nueve y media, alternado con filmes de la Paramount como *Más dulce que la miel*, protagonizada por Nancy Carrol.

Ubicado en Ánimas, entre Zulueta y Prado, con capacidad para ochocientos treinta y cuatro espectadores, el Teatro Principal de la Comedia fue inaugurado en 1921 con la obra de Benito Pérez Galdós, *La de San Quintín*. En los recitales que ofrecía este escenario, donde fungía como maestro de ceremonia el bardo Nicolás Guillén, alternaban —declamados por Eugenia Zuffoli— los poemas de Sánchez Galárraga, De la Prada, Villalón, Martínez Sierra, Gutiérrez Nájera, Ángel Lázaro y M. Machado, con las composiciones musicales de Lecuona, Juan Castro, Grever, Jacinto Guerrero, ejecutadas por los jóvenes Castro.

A comienzos de 1931 todo parecía transcurrir exitosamente, pero sin noticias de nuevas perspectivas. Para el mes de abril aún mantenían el programa habitual: Radio Victor desde la CMBZ de los Salas, el Sans Soucci y el Hotel Almendares, con la pareja de baile David and Hilda Murray, bailarines norteamericanos que habían penetrado en la gracia de los ritmos cubanos; sin embargo, en mayo ya estaban partiendo para New York contratados por la Agencia Teatral de William Morris.

La conquista de Broadway por los cubanos ya había estado bajo el imperio de otras voces. Sin embargo, en esa época era Don

---

[6.] Desaparecido tras un siniestro en la década de los sesenta.

Azpiazu quien sonaba más. Así se comenzaba a anunciar la elaboración de un nuevo producto de exportación —«aroma tropical, dulzura de piña»— las orquestas típicas cubanas. Y los augurios se iban cumpliendo. El sábado 16 de mayo, la Orquesta Hermanos Castro, embarcaba rumbo a los Estados Unidos, después de haber rendido la brillante campaña de todo un año tocando para la Estación de El Mundo-Salas.

Iban a lucirse, como ya lo habían hecho en el Havana Yacht Club, en el Vedado Tennis Club, en el Casino Español, con la precisión y disciplina habituales, que les habían ganado el ser comparados por la prensa, con un pelotón de cadetes de West Point. A New York llegó una orquesta extremadamente, exquisita, tanto que la pareja de baile había hecho de la rumba y el son una estilización propia de la época. La bailarina, en especial, una muchacha de cuerpo grácil, llevaba el talle ajustado en una bata blanca de pliegues, y se movía al ritmo de la orquesta, intentando llevar la rumba a baile de salón, dejando detrás el barracón y haciendo de la esclavitud una reminiscencia romántica.

Manolo a los veintitrés años se sentía triunfador. Con el aire de responsabilidad que lo caracterizaría toda su vida, contaba a la prensa sobre sus afanes de principiante, cuando estudiaba el saxofón y el piano bajo la maestría de Gerardo Guanche o, cuando siendo un muchacho de catorce años, ardía con el arte y oía como si una voz secreta le anunciara su predestinación a designios superiores a los de un mísero ejecutante pueblerino.

Sin embargo, ya la vida le comenzaba a mostrar que no bastaba con un minuto de inspiración para llegar a la consagración musical. Dos años de experiencia como director le habían bastado para comprender que para que la orquesta alcanzara sus metas, tendrían que apoyarse en el esfuerzo continuado, en la entrega diaria; que tendrían actuar como si se tratara de un servicio comercial en el cual había que trabajar, cumplir con los compromisos, atender el negocio, sin perder de vista su arte, ni la necesidad de desarrollar y utilizar la imaginación y la creatividad con un rigor superior al exigido por otras profesiones.

NEW YORK 1931

La presentación en la Gran Vía Blanca, de Broadway, New York y los anuncios lumínicos de la Castro Brother´s para la denominación del grupo criollo, resultaron del esmero, no solo de la ejecución instrumental, sino también de todo el performance que los acompañaba, con la aspiración de señalar la ruta a la competencia y con el empeño de querer ser los primeros. En tanto otros dormían o se agotaban en lugares equivocados, ellos trabajaban. Y claro que el desvelo debe contar al menos, con la compensación del trabajo.

La competencia ya estaba señalada y la ruta al Norte había comenzado a abrirse cinco años antes, con la orquesta del pianista Antonio María Romeu que grabara danzones, junto a la interpretación de Mario Bauzá, a quien este primer viaje le sirviera de contacto con el *jazz* de Harlem y que luego, en 1930, regresaría como saxofonista de Don Azpiazu y trompeta del Cuarteto de Antonio Machín.

Del mismo modo que los artistas se ven en las películas bajo los reflectores, rodeados de rascacielos y de todo ese merengue que es la modernidad, así se había visto Manolo en Broadway, sobre todo cuando las copas habían llevado su imaginación un poco lejos. Y ahora ante la realidad del viaje con un contrato en el Palace, luego en el Circuito Keight y un recorrido en gira de triunfo, tenía pensado pasar todo el verano en Estados Unidos. Otros artistas del espectáculo que conocían ese público, al que ahora se enfrentarían Los Hermanos Castro, les habían profetizado el éxito más definitivo. Su espectáculo estaba compuesto por algunos ritmos de Ernesto Lecuona, entre ellos «La Comparsa» en concierto de maracas, y música americana para demostrar su pericia interpretándolo todo.

Negociaciones

LA ORQUESTA DE LOS HERMANOS CASTRO OBTIENE UN GRAN CONTRATO EN N. YORK

(ESPECIAL PARA EL PAIS)
Nueva York, julio 2.—La orquesta de los Hermanos Castro ha sido contratada por la Compañía de la Red Star Line, como uno de los grandes incentivos en sus viajes de seis días hacia Nueva Escocia, que serán inaugurados el día 18 de este mes.

La National Broadcasting Company concedió hoy una audición a los músicos cubanos que se efectuó en el principal estudio de la corporación. La audición fué pedida a la orquesta de los Castro, para presentarla a un magnate de la más importante corporación de hoteles de Londres, ansiosa de contratar a la orquesta cubana durante ocho semanas, que deben comenzar en septiembre. Fué exclusivamente de música cubana, en la cual se hallan interesados la "National Broadcasting Company".

Mientras tanto los Castro han firmado un contrato con la Warner Bros, para una película en que aparecerán solamente los músicos cubanos, y con ellos su música. Será o que se determina en la técnica un "short-reel".

La Red Star Line ha comenzado hoy una extensiva publicidad para presentar al público neoyorkino a los músicos cubanos como la orquesta del "Habana Yacht Club", anuncio que comienza a grandes caracteres con la palabra "Bueno". Y al final explica el sentido de la palabra bueno, equiparándola con "swell", que equivale a magnífico, despampanante, colosal.

De esta forma la orquesta de los Castro, celebrada por todos los empresarios, parece destinada a orillar las dificultades de la falta de conocimientos y sentido comercial de manager, el bailarín David Murray, así como los obstáculos que crea la unión de músicos norteamericanos.

El turbo eléctrico *Oriente* que zarpara de los muelles Ward Line, a las seis de la tarde, procuraría acercarse lo más posible al nuevo Malecón de La Habana, para que, mientras la banda interpretara uno de sus números más populares, sus admiradores les brindaran una cordial despedida.

A dos días de su partida, el 18 de mayo, ya se anunciaba el estreno del espectáculo musical *Havana Nigth*, en el Palace, seguido de la presentación de la orquesta para continuar luego la *tournée*. Esto bajo el interés de Jonh Mc Antee Bowman, que interesado por Cuba, había querido contribuir no solo a acoger a la música cubana sino también a divulgarla en los altos elementos que frecuentaban el Cascade Roof, del Biltmore.

Sin embargo, el camino a la fama en la tribuna americana no estaría libre de obstáculos. Manolo, ingenuo, y quizás un tanto deslumbrado por la charlatanería de David Murray, más las dificultades con el idioma, había aceptado, antes de salir de Cuba, la gerencia de la orquesta del único norteamericano que tenía la agrupación y había sido defraudado. Tampoco había contado con el movimiento sindicalista ni las trabas que le pusiera la American Musicians Union. Las gestiones comerciales comenzaron a depender de ellos mismos, pero no habría marcha atrás y prescindieron del *manager* en un mundo artístico desconocido.

Mes y medio trabajando en el Palace y en el Waldorf Astoria de New York, sin otra maniobra comercial, que la gestada por el bailarín, pudo haber significado una pérdida de tiempo para alguno de los miembros de la orquesta, quienes además de la función, solo se dedicaban a recorrer la ciudad, intercambiar con otros músicos y extrañar la Isla. Sin embargo, Manolo condimentó su estancia neoyorquina con sus visitas a la cocina del hotel. De su dedicación a indagar durante horas, cómo se preparaban los diferentes platos, nacería la exquisita necesidad de ser él quien cocinara para las especiales ocasiones de reunión familiar.

Aun en medio de los desacuerdos con los sindicatos de músicos, el 2 de julio quedaban anunciados tres contratos influyentes con la Red Star Line, la Nacional Broadcasting Company y la Warner Bros, respectivamente.

Los viajes con la Red Star Line comenzarían el 18 de julio, y durante seis días hacia New Escocia, ellos serían el incentivo para la travesía. Mientras, la Nacional Broadcasting Company les proponía una audición, en su principal estudio, para presentarlos a un magnate de la más importante corporación de hoteles de Londres, con la ambición de contratarlos durante ocho semanas, a partir de septiembre. La Warner BROS, quería trabajar con su imagen y en un *short-reel* donde solo aparecerían ellos ejecutando un número musical.

La línea marítima comenzó una extensa publicidad para presentarlos al público neoyorkino como la Orquesta Havana Yacht Club, uno de los anuncios comenzaba con la palabra «bueno», en español, y al final explicaba el sentido de esta palabra, comparándola con *swell* que equivale a magnífico, despampanante, colosal; pero de la audición con la Nacional Broadcasting Company no salió nada y el *short-reel* fue firmado bajo el título de *Havana Cocktail*.

La contratación por ocho semanas con la Red Star significaba presentarlos como espectáculo de *luxe* en el gran *show* del vapor inglés *Bergerland* en el que actuaba la actriz Claire Windsor, y el rey de la filarmónica Borrah Minevith. El viaje a bordo del barco que hacía crucero entre New York y New Halifax, Canadá, fue una experiencia única. Durante la travesía, desapareció el millonario nipón Fujimura, motivo para que fueran retenidos e interrogados antes de desembarcar. Desde un primer momento, la atención de los músicos fue atraída por el millonario japonés a causa de la rubia que lo acompañaba; después simpatizaron con el acaudalado hombre. Pero, al no sostener con este una relación más cercana, no pudieron formarse una opinión acertada sobre lo sucedido, y la noticia los sorprendió al llegar a puerto.

Havana Cocktail fue anunciada en el frontispicio de uno de los teatros del circuito RKO, con letras insolentes por lo grandes, donde se balanceaban los nombres de la orquesta y el filme. Ellos aparecían representados de forma pintoresca, según la imagen preconcebida por los americanos sobre los hispanos. Por ejemplo, las mujeres iban ataviadas con falda amplia, almidonada, con profusión de volantes; avasalladora peineta cubierta con la clásica mantilla; en las orejas, pendientes propios de las gitanas; de vez en cuando, le adicionaban un corpiño apretado y una falda de colores.

Eso era el filme. Una joven tocada con peineta que se balanceaba y seguía las notas del sonsonete, moviendo el pie sobre la barra de la cantina; en su mano cuajada de pulseras, una copa contenía el coctel a modo de promoción.

Pero los acontecimientos más importantes de los casi cinco meses de *tourneé* por el norte, fueron las grabaciones que hicieran, gracias a las influencias de los cantantes norteamericanos Al Johnson y Arthur Tracy —este último de la radio y conocido como el *Street Singer*. En medio de los incesantes obstáculos de la Unions y los reveses económicos, la interpretación de «St Louis Blues», de W. C. Handy, fue la primera huella importante de los hermanos, en cuanto a orquestación y música cubana se refiere.

La Unions tenía sus propias regulaciones que restringían las presentaciones de las orquestas extranjeras, y los Castro, estaban sufriendo las consecuencias. Por eso sería tan necesaria la influencia de Al Johnson, para concretar someramente los planes que se habían trazado. Las grabaciones eran un detalle importante. En el programa fonográfico se incluirían los temas «There's no other girl», de B. Barris, con Arthur Tracy como cantante; «I am all dressed up whith», en el que utilizaron un violín, tres saxofones, dos trompetas, un trombón, batería, piano, y cuatro percusiones: *drums*, bongó, maracas y claves; «Martha», del autor cubano Moisés Simons y más al estilo «St. Louis blue».

El «St Louis Blues», que originalmente es una especie de homenaje a los *blues*, en la versión cubana de los Castro, estaría marcada por la yuxtaposición de la pieza y pasajes del famoso tema de «El Manisero», con percusión y ritmos afrocubanos en el *jazz*, aunque el pretendido *blue* lo realizan los metales, y el ritmo, a todas luces, marca acentos del son cubano, mientras un coro repite frases del ya inmortalizado pregón-son de Simons.

La selección de «El Manisero», quizás había estado condicionada —un año antes en New York—, por la conquista rotunda de la Orquesta Habana Casino, dirigida por Don Aspiazu, con Mario Bauzá como clarinetista o saxofonista, Julio Cuevas en las trompetas, o por la popularidad que había ganado el mismo pregón-son en la voz de Antonio Machín y su cuarteto.

Bajo el nombre de *Manolo Castro and His Havana Yacht Club Orchestra*, la grabación circuló en los mercados por el sello Victor, con el número de catálogo 22821–A.

Si bien, otras agrupaciones de la época eran más jazzísticas y más apropiadas para hablar de fusión: la Rico´s Créole Band, o Tony´s Wife, Mon Aimé Doudou Moin o Isabelita (1934), o solo se reconoce a Mario Bauzá, con su conocida pieza «Tanga», en 1943, y luego «Cubop City», lo cierto es que Manolo Castro ya había encontrado el gusto, y quizás la vía para introducir en las *jazz band* la percusión y la música cubanas.

Ya llegaba a su fin el verano y pese a que no habían logrado todo lo que se propusieron, en medio del ambiente nacionalista que provocaba la dictadura del general Gerardo Machado, en la década de los treinta, la prensa había seguido con detenimiento y aplaudido, cuanto paso había dado la orquesta.

Por eso, cuando el 9 de septiembre sale publicado en el periódico *El Mundo*, un artículo bajo el titular «Regresan en Triunfo», la crítica a la nueva denominación de la orquesta se hizo notar. Esto se debía, quizás no solo a que *Manolo Castro and his Havana Yacht Club Orchestra*, era un nombre en inglés, sino también a que eso representaba la dependencia total de un sitio de recreo, o a que se consideró que ellos se debían al público cubano que, en apenas un año, les había ganado la popularidad.

Los hermanos regresaban de su fructífera *tournée* que no había sido un éxito monetario, pero sí artístico por la carrera ininterrumpida de aplausos. El vapor *Morro Castle* de la Ward Line, que llegaría a puerto el martes 15 de septiembre, a las siete de la mañana, sería esperado especialmente por sus admiradoras, en el muelle Ward Terminal, para darles la bienvenida.

Once días duraría la travesía entre New York y el puerto de La Habana. Once días de presentaciones continuas en la salón del barco a las 9 de la noche, bajo el nombre de *Manolo Castro and his Havana Yacht Club Orchestra*, con un programa casi exclusivo en inglés: los *fox trot*, «I´m thru with love», «Dram a little Dream of me», «The Tour of Parting», «Just one more chance», «Black Eyes»,

«I'm all dressed up with broken Heart»; las rumbas-son, «Peanut Vender» y «Siboney»; el son, «Green Eyes»; y el tango, «Caminito».

El desembarco programado para las siete de la mañana, realmente ocurrió a las cinco de la tarde, bajo un calor sofocante, y cuando la orquesta pisó tierra, los músicos no desbordaban entusiasmo, pese a ser recibidos por una estación de radio que funcionaba en el muelle y por la familia que los esperaba, para ser de los primeros en saber cómo les había ido. Venían frustrados por la lucha sostenida contra el sindicato de músicos norteamericanos, quizás habían soñado con una estancia más fructífera, y traían una sensación de poca estabilidad intelectual y económica. También, llegaban extenuados por su poca costumbre a tan largas travesías por el mar.

La desilusión los llevó a tener muy poca conciencia de sus logros y se vería la prensa compelida a reclamar nuevamente su presencia, para que el balance que hiciera Manolo de su orquesta y de su *tourneé* por los Estados Unidos, fuera percibido, al menos como valioso. Tenían a su favor que un público como el norteamericano, con el oído educado y la influencia directa del *jazz* de New Orleans y New York los acogiera con agrado. Tampoco les faltaron las audiciones, las presentaciones en teatros y la radio, ni los contratos en los cruceros de lujo. Y, por último, las grabaciones con la Victor donde fusionaron la música cubana, constituían un triunfo del que solo cobrarían conciencia después de cinco años, pero del que nunca tendrían una real dimensión.

La prensa los estimulaba y justificaba su ausencia de los medios publicitarios, pretextando su excesiva modestia o su dedicación a ensayar y a estudiar, para recuperar su espacio en los cabarets, la radio y el cine.

El Sans Souci, en las afueras de Marianao; el Teatro Encanto, en medio de la ciudad, —luego del filme *Teniente sonriente*, con Maurice Chevalier—; Radio Salas de Monte y Prado, y los clubes de las playas reabrieron sus salones al espectáculo de la orquesta cubana.

La orquesta comenzaba 1932 con el optimismo recuperado y nuevos proyectos en el horizonte. La compra de un camión para trasladarse a sus presentaciones en las afueras de la ciudad y en provincias, y la fundación de una sociedad que les permitiera ampliar las perspectivas, al menos para los cuatro hermanos, fueron dos decisiones importantes.

El transporte alquilado garantizaba, por el momento, la puntualidad de los músicos y, de alguna manera, satisfacía la necesidad de Manolo de mantener el control sobre quienes le rodeaban. Aunque Antonio Castro hacía de chofer, pues nunca bebía tras los espectáculos, quien dictaba las reglas era el director. Por esa razón, si un minuto después de la hora acordada faltaba algún músico, el camión partía, sin importar que el moroso fuera uno de los hermanos.

El 11 de enero de 1932, llegaron a Villa Clara, al Teatro La Caridad, y los anunciaba en función única junto a un grandioso evento cinematográfico: el estreno de una película silente titulada *Peligro*. Los cambios en la agrupación se anunciaban en el programa. Ahora contaban con doce integrantes entre músicos y cantantes, cada uno en la ejecución de varios instrumentos: en el piano y el acordeón, Juan Castro; en el saxofón, clarinete y piano, Manolo; saxofón, clarinete y flauta, Eduardo Pascual; saxofón y clarinete, Francisco García; bajo y guitarra, Ernesto de la Vega; guitarra, maracas, claves y voces, Domingo Garrido; contrabajo, Tomás Barrenechea; *drums*, Luis Suao; primera trompeta, violín y voces, Walfredo de los Reyes; segunda trompeta, Enrique López Rivero; trombón y saxo: Antonio Castro; violín y solista, Guillermo Portela; también los seguía acompañando la voz de Alfredo Hirch.

En dos tandas nocturnas, el programa contaba de dos partes: la primera incluía la sinfonía por el NON SIC y la super especial en ocho actos, *Peligro* con Dorothy Mackail, Eilen Percy, Greighton, Alec B. Francisc y Ralph Lewis; y en la segunda se presentaba la orquesta con su tema prólogo, «Nobodys». Asombrados por la acogida en la región central, en esta función única, los salones de la Unión Club, situados en el mismo teatro, se abarrotarían de un público de bailadores.

De alguna manera la radio estaba cumpliendo su objetivo de propagar, lo que se hacía en la capital, y aun cuando estos lugares también contaban con sus bandas ejecutantes, a la orquesta no le faltaba el trabajo en los liceos, reuniones provinciales o en los centrales azucareros al norte de Holguín.

La inscripción de la Sociedad Musical Hermanos Castro, les sirvió para legalizar los ensayos y las clases extra que impartían en el apartamento de la calle Virtudes, en Centro Habana. Era difícil vivir en un barrio como Colón, lleno de prostitutas y proxenetas, chulos que defendían su espacio y gente de humildísima procedencia. En La Habana de esos tiempos imperaba el abuso de poder político y policial, y los agentes con autoridad e influencias, chantajeaban y cobraban comisiones a pequeños comerciantes y dueños de negocios menores. Y aunque la capital fuese la fuente que nutría a músicos y artistas de autenticidad cultural, para sobrevivir en ella era preciso tener las cuentas claras.

Bajo esas circunstancias era preferible vincularse al Negociado de Asociaciones, que tener recostado encima a algún parásito uniformado. La Sociedad les valió para ensayar, dar bailes y toda clase de fiestas o diversiones, siempre y cuando estuvieran dentro de la moral más conveniente. Y lo mismo sería años después en Virtudes n.º 54, y en los altos de Maloja n.º 22, donde residía la familia entera.

Aunque la directiva se votaba democráticamente, Manolo, que saldría siempre electo presidente-director, sería la representación oficial de la Sociedad en las fiestas que se celebraran, y firmaría y revisaría toda la documentación. Además, velaba por el desenvolvimiento de los ensayos, y era el responsable del orden y de cada uno de los músicos.

El secretario, Antonio Castro, suplía a Manolo en caso de emergencia; el tesorero era Juan Castro; los vocales: Andrés Castro, Walfredo de los Reyes y Domingo Garrido, quien para ese entonces, ya comenzaba como una de las voces de la orquesta; y, por último, los vocales suplentes, que eran Tomás Barrenechea, Osvaldo Brito y Alfredo Hirsch.

Las cuota de cincuenta centavos, para pagar la Sociedad, era realmente un lujo en esa época, pero la ambición de los músicos de crear en el futuro una escuela, compensaba el sacrificio. El 1ro. de abril de 1932 quedarían inscritos bajo el número 7854 en el Registro Nacional.

Pasado un tiempo, solo tocarían sus expedientes para actualizar los pagos y los cambios de dirección de domicilio. El 4 de enero de 1936, se mudan para Virtudes n.º 54-bajos y lo hacen

saber a través de una carta enviada al departamento de Negociado de Asociaciones. En septiembre la familia Castro, tacharía esta
dirección de sus hojas timbradas para radicarse en Neptuno n.º
58 apartamento 3, pero la oficina de la orquesta estaba reservada
en una de las calles más céntricas y comerciales de la Habana, San
Rafael n.º 14, con el teléfono A-4368. Otro sitio que serviría para
las reuniones de los Castro sería la casa de su manager Luis Suao,
en el n.º 267-altos de la modernísima calzada Monte. Y en 1933
regresan a vivir a la calle Vicente Aguilera o Maloja, pero en el
número 24.

A un año de fundada la asociación, los ingresos ascendieron
a 671 pesos, suma que alcanzaba solo para cubrir los gastos, que
casi excedían el tesoro colectivo. ¿Cuánto y de qué forma podría
haber funcionado esta sociedad de músicos, que si, un lunes o un
jueves —que eran los días de sesiones—, había fiesta o ensayo, quedaba suspendida la reunión hasta nuevo aviso? Su función social más
importante era bailar, cantar, tomar y divertirse.

El sueño de la escuela quedó solo en papeles y el proyecto fue
cancelado definitivamente por el jefe de despacho del Negociado
de Asociaciones, veinte años después, el 3 de febrero de 1952.

Entre altas y bajas corría 1932. Se respiraba en la calle la ti-
rantez de la situación política. La violencia había aumentado.
Los clubes no habían cerrado, pero el Havana Yacht Club, que
pareciera el menos implicado en toda gestión política comenzaba
a ser, como años atrás, un hervidero de conspiración. El general
Gerardo Machado sobraba en el poder para todos, incluyendo a
la burguesía adinerada que frecuentaba los salones del Country
Club, del Vedado Tennis o del resto de las pistas de baile donde
trabajaban los Castro.

Y el Havana Yacht Club, donde ellos habían conocido en más
de una ocasión la generosidad de su público, ya tenía antecedentes. En diciembre de 1930, un grupo de socios y visitantes había
denunciado a la Secretaría de Gobernación, al Cuerpo de Policía,
con copia del informe al sub-inspector de la Policía Secreta Nacional, que esta sociedad de la Playa de Marianao, se estaba convirtiendo en un centro de conspiración contra el gobierno, bajo la
dirección del general Mario García Menocal, motivos por los que

fue suspendida. Ahora que era un secreto a voces que el gobierno de Machado sería derrocado, la Policía Secreta inundaba el salón.

En el año que se desencadenaría la Revolución cubana del treinta y el caos en las calles, la orquesta sería contratada en San Juan, Puerto Rico.

Sin mucha algarabía abandonaron la ciudad para presentarse por primera vez, el 20 de febrero de 1933, en una transmisión por la Lucky Dance Hour, en audición para la Nacional Broadcasting Co., y radiada por las cincuenta y dos estaciones asociadas a la Cadena Roja, en Puerto Rico.

La orquesta se presentaba, no asociada a la Casa Club de la Playa de Marianao, sino como una exclusividad de la estación CMBZ, de la Casa Salas, que había tenido notables triunfos, tal como lo había demostrado el *success* extraordinario que había sido su difusión por la Cadena Roja, los cientos de cartas de felicitación recibidas y el contrato en el Escambrón Beach Club.

Un peso con cincuenta centavos y una previa reservación telefónica al número 1246, bastaban para disfrutar del *tour de force* de la orquesta. Y aunque lo habitual en el balneario no era el exceso de público, el acontecimiento había provocado gran animación. El rumor de que se iba a tener la oportunidad de bailar, en la apertura de la temporada veraniega, había comenzado a rodar entre las damas del mundo social que frecuentaban el sitio, y se concretaba con el anuncio en el periódico *El Mundo*, uno de los de mayor circulación en San Juan. Para el momento de su difusión oficial ya casi todas las mesas estaban vendidas y se esperaba una gran concurrencia de la isla.

Las expectativas y los elogios relacionados con su carrera artística crecían a la par. Catalogada como la más famosa agrupación de América, de *jazz-band* sinfónico, con intérpretes incomparables de los ritmos antillanos, creadores de un nuevo estilo de interpretación del folklore musical cubano, ostentaba como constancia de su calidad musical, los cuatro años de éxitos cosechados en cabarets habaneros, como el Casino de la Playa y el Summer Casino; o en los teatros Nacional, Payret[7] y Encanto. Las imágenes

---

[7.] Inaugurado en 1877 bajo el nombre La Paz, es dos años más tarde que adquiere este nombre. Ha pasado por incontables reparaciones hasta adquirir el aspecto que tiene hoy. Se encuentra situado en la esquina de Prado y San Martín.

que circulaban en los periódicos confirmaban la propaganda. Todo el que había viajado a La Habana sabía que los jardines que servían de fondo, en la fotografía de presentación, eran los del Hotel Nacional de Cuba.[8]

Piscina del Hotel Nacional

El espectáculo publicitario que los nombraba los *Monarcas de la Melodía*, que les granjeó la aclamación del público y la crítica más exigente, se repetiría cada semana con el pretexto de un toque de alegría el domingo en el *Té danzant*, o para el baile de la noche bajo una sinfonía de luces, colorido, *donaire* y galantería, en el Escambron Beach Club

Mientras se celebraba el Día de las Madres, la prensa cubana, al tanto de cuanto sucedía a los artistas cubanos en el resto del orbe, anunciaba, en la sección Epistolario Dominical, de la edición habanera *El Mundo*, la temporada de los Castro en Puerto Rico —junto al homenaje que se le haría a Ernesto Lecuona en la Estación Voz de las Antillas, del *Diario de la Marina*—, una tanda elegante en el

---

[8.] Construido en 1930, queda situado entre las calles O y 21, inicialmente el mar rompía las olas con las piedras que marcan sus límites. Ahora es la avenida del Malecón la que colinda con su fondo. Paulatinamente se le fue incorporando la Arboleda Room y el cabaret Parisien.

Teatro Martí, con la puesta en escena de *Tierra adentro*, de Ramón S. Varona, con música del maestro Rodrigo Prats, y el gran acto de variedades, en el que intervienen las cantantes Caridad Suárez, Eusebia Cosme, Pura Roncera; los bailarines Elpidio y Margot y el Trío Matamoros; además del brillantísimo concierto de la Orquesta Sinfónica de la Habana que dirigiría el maestro Gonzalo Roig, con la cantante Mercedita Menocal, interpretando «Concierto del Emperador», de Beethoven.

El balneario borinqueño no sería el único escenario. El Teatro Paramount, uno de los mejores equipados, abriría sus puertas del 39 6 al 12 de junio, en un programa abarrotado de promociones, que iban desde publicitar la Agencia funeraria Fournier, los acumuladores de Exíde, The Perfumery Store, hasta la programación semanal de las películas que se proyectarían en la sala, la joyería y óptica Frank López & Co., la perfumería La Cherte y la cerveza Tuborg.

Con anterioridad, ya había sucedido que El Paramount organizara, durante la estancia de la orquesta en la isla vecina, un programa que se parangonaba con los que presentaban los teatros de Broadway y las empresas más importantes, donde por lo general se veían espectáculos similares a los que anunciaban en esta ocasión: una revista corta, noticieros, la superproducción de la Paramount Films titulada *Ondas musicales* y la cooperación de Manolo Castro y su orquesta, que constituía en sí misma, un programa atractivo.

De los agasajos que recibieron durante su estancia en Puerto Rico, el que más impactó a Manolo Castro fue el del ofrecido por un influyente empresario de la época, interesado, más que en divertirse, en conservar las letras y las partituras de alguno de los temas que se popularizaron.

Desde Gurabo, Manuel Rodríguez Lluveras, además de elogiarlos por el programa transmitido el viernes 7 de julio —donde demostraron que estaban a la altura de la más reputada orquesta norteamericana con la ventaja de que en todo lo criollo hay más alma y sentimiento—, les pide conservar como recuerdo una copia del son «El mundo» o del otro *hit* titulado «Lucerito». Aunque la carta estaba dirigida al director, aparecen felicitaciones especiales para los vocales y el cornetín, que tanta calidad había demostrado durante sus presentaciones.

Al cierre del *force de tour* puertorriqueño, los precios de entrada a la despedida, marcaban el mercado y el *status* musical del *jazz band*. La presentación de la orquesta en la noche del 14 de julio, en el teatro Rialto, luego de la exhibición del filme *Palacio Flotante*, de la productora Luxury Linner, a teatro lleno, no expresaría la magnitud del fenómeno como había sucedido con la factura del Teatro Victoria.

José Piñeiro, el encargado del local, declaró en la liquidación de taquilla que se vendieron en total 112 60 dólares en las zonas más privilegiadas del teatro, con un valor de 25 centavos, 289 tickets; y en platea alta por un valor de 15 centavos, 269 *tickets*. De ahí debían pagar a la United Theatres Inc., por el alquiler de la película 44,19 dólares; y el 1% de impuesto municipal, o sea, 1,13 dólares. Su ganancia sería de 67,28 dólares en una noche de música y diversión, más generosa que en Cuba donde la competencia se hacía sentir.

Lo cierto era que, después de conquistar una plaza musical, los Castro, difícilmente fueran sustituidos. A veces alternarían con otras musicalidades, otras voces, pero ellos seguían siendo aclamados en lugares como el Hotel Nacional y el resto de la vida nocturna de La Habana, porque eran la garantía de éxito para quien los contrataba y un placer para quienes los escuchaban.

La promoción recibida les sirvió para encontrar trabajo, a su regreso a La Habana, en medio del caos revolucionario. Los periódicos alternaban sus lauros, con la publicidad, las noticias de la crisis económica y los muertos de la dictadura y la delincuencia. Y lo que era más difícil, la orquesta sobrevivía a la extrema exigencia de Manolo, quien no toleraba ni el más mínimo desliz, en cuanto a disciplina y calidad musical se refería, o a su manía de poner alias y a su bromear de mal gusto.

Al quinto aniversario de fundada, René Cabell marca una nueva etapa en la todavía joven orquesta. En 1934 se puso de moda pasar las noches en el barrio La Víbora que comenzaba a convertirse en un paraíso musical. Esto ocurría debido al surgimiento de la clase media profesional, que hacía circular el dinero construyendo mansiones y clubes nocturnos. Mientras los ricos se encerraban en los clubes más exclusivos; los pobres que habían logrado alcanzar una carrera bien pagada como la arquitectura, el derecho o la medicina, ascendían en la escala social y gozaban ahora de una mayor holgura económica, que les permitía acceder a centros de diversión nocturna de cierta categoría. El sábado y el domingo la farándula entera se trasladaba a La Víbora

Así tropieza el cantante lírico José de Jesús Cabezas Rodríguez con la orquesta del momento. Ya se hacía llamar René y había probado en más de un escenario su melodiosa voz con las óperas *Los Payasos* y *Fedora*, pero seguía llevando el apellido paterno.

Manolo Castro está entre los que le sugieren al cantante el cambio de nombre. José de Jesús Cabezas Rodríguez muchas veces tiene que soportar los motes de Cabeza, Cabecita y cambia a Cabell que se siente más elegante. Con el seudónimo de René Cabell comienza a hacerse sentir en las transmisiones radiofónicas junto a la orquesta. Con Cabell el son adquiría la elegancia de la escena operística.

Miguelito Valdés es otro de los que coincidirá con René Cabell junto a Manolo y sus hermanos. Con estos dos talentos, durante 1934, los Castro celebrarían su primer lustro por todo lo alto en el comedor del Hotel Nacional. Con Miguelito, no solo entraban una voz y una manera de decir peculiares, convirtiendo las aspiraciones del montuno en experimentación, sino también la persona que introduce, el elemento negro, camuflado en su mulatez casi blanca, a través del timbal y otras percusiones.

Aunque después cada uno tomaría su rumbo, ambos tendrían mucho que agradecerle a «la escuelita», como ya comenzaba a llamársele a la Orquesta de los Castro, quienes siempre con un paso adelante ganan en el terreno de la música por su nivel de interpretación, y por la búsqueda en campos inexplorados.

En la década de los treinta su principal itinerario musical estaba vinculado al bolero. Por primera vez este género entra al salón elegante con los arreglos de Manolo o de los arreglistas que él contrata para trabajar esa línea. Y no fue precisamente para que pudieran ser contratados por los casinos o porque el bolero tiene el ritmo adecuado para el performance burgués; sino porque la intuición musical también, aunque poco tangible, funciona en estos casos. Lo cierto es que, para beneficio de la música cubana, se le debe a ellos como agrupación, el auge del bolero en la década de los cuarenta.

Entre aquellas innovaciones está la integración del bolero al formato *jazz band* o a lo que se podría comenzar a llamar, banda cubana. Escuchando a los Hermanos Castro, se aprende que el mejor respaldo para el bolero es la *jazz band*, porque lo nutre, permite que sea cantado con un ritmo adecuado y lo hace audible, que lo llene todo, que relaje, que enamore, con una orquestación que magnifica al texto aunque no sea tan bueno.

El apoyo sonoro de la *jazz band* y su reparto armónico tímbrico, con la inclusión de voces imprescindibles como Olga Guillot y René Cabell, impulsan el auge del bolero. En René, el tenor de la antillas, se unen el *bel canto* o canto lírico con el bolero y borra estilos y épocas. Al escucharlo, nadie dice esto es nuevo o esto es viejo.

No es de extrañar, entonces, que, apenas a meses de abierto, el suntuoso Casino de la Playa que estaba buscando cómo entretener a su público, anunciara en grandes titulares que el domingo 15 de septiembre de 1935, la famosa orquesta debutaría en sus salones con una transmisión directa, de diez de la noche a una de la mañana, por la CMBG. A los dueños no les era suficiente la amplísima programación que presentaban, a pesar de su muy alta calidad: las Hermanas Milanés, Carlos Spaventa, el Quinteto Machín, los bailarines Wes Adams y Lisa, Elia de Granados y la Orquesta Siboney.

El Casino precisaba la exclusividad de una orquesta que, sin alejarse de la elegancia norteamericana, según las exigencias de la época atrajera, con el ritmo y el espíritu musical criollo, a los nuevos y viejos ricos. Y la escuelita ofrecía una serie de garantías como la dirección de Manolo Castro, la disciplina y la profesionalidad que exigía; la percusión de Miguelito Valdés, la sabrosura criolla; la maestría al piano de Juan Castro y Anselmo Sacasas, un sello único; y las voces de René Cabell y Walfredo de los Reyes, la elegancia también distintiva de las bandas americanas.

Pero, pese a las prebendas, Manolo no estaba dispuesto a la servidumbre que pretendían los dueños del Casino de la Playa, y alternaban sus presentaciones allí con los salones del Hotel Nacional, las reuniones vespertinas del Casino Deportivo, en el residencial Palatino, cualquier sociedad española que solicitara sus servicios, más la radio, desde donde ponían a consideración de los radioescuchas los nuevos temas, como sucedió con las canciones «Madrigal Romántico», el 15 de febrero, por la CMBC y con «Tres violetas», el 20 del mismo mes, por la COC. Manolo Castro, se resistía a confinarse a espacios de limitada popularidad y prefería la difusión de la radio y el barrio Colón.

GOLPES DE ESTADO. PRO ARTE MUSICAL

La venganza no se haría esperar. El primer «golpe de estado», como no se cansaría Manolo de llamarle, se estaba gestando a sus espaldas. Anselmo Sacasas andaba buscando una orquestación donde los solos del tresero Arsenio Rodríguez se tradujeran también al piano como en las charangas. Miguelito Valdés estaba ansioso por estrenar cantos afro dentro del repertorio. Manolo Castro había ganado fama de «tragón», según los empresarios que envidiaban la cohesión de la orquesta. Tres razones para que casi todos los músicos abandonaran la alineación de los Castro para formar la Casino de la Playa, bajo la dirección del violinista Guillermo Portela; el piano y los arreglos de Anselmo Sacasas; la administración y la voz de Miguelito Valdés. Hasta el mismo Luis Suao, quien había sido *manager* de la escuelita, estuvo un tiempo alistado, en el *drums*, para la nueva orquesta. Solo regresaría por la fe ciega que le tenían los hermanos.

Con la Casino de la Playa comienza otro fenómeno importante en la música cubana que abarca un área tan extensa como el Caribe, y no es más que la irrupción industrial en la música. Si los Castro habían sido los iniciadores, ahora con este desmembramiento o lo que pudiera pensarse como un producto de su alineación, la Casino de la Playa, desataría los grandes negocios de los sellos discográficos. Con la RCA Victor, que tomaría a La Habana como plataforma de lanzamiento porque era más barato. Igual política siguieron los empresarios con la Coca Cola en Cuba, la bebida que toma su impulso en la misma época de las discográficas. Se montaban las fábricas en Cuba —la mayor de ellas en Artemisa—; se traía en tubos la esencia; y el embotellado se hacía en Consolación del Sur, Pinar del Río, lo que les ahorraba tres millones y medio de dólares.

45

Manuel Castro con integrantes de la orquesta, Miguelito Valdés (segundo de derecha a izquierda), 1936

En la industria discográfica va a suceder lo mismo. La Victor, matriza en Nueva York, la trae en un bolsillo y hace la placa aquí. Y un tiempo después se crea el famoso estudio CMQ, primero en Monte y Prado y después en La Rampa, una década más tarde, crea Radio Progreso, que era la mejor de Cuba, con grabadores de mucha profesionalidad, como Medardo Montero.

Y la Casino de la Playa comienza en grande por la industria discográfica, se valen de eso para sobresalir. A fin de cuenta, eran los mejores músicos que tenían los Hermanos Castro en aquel momento, baste mencionar a Anselmo Sacasas, un genio de la pianística cubana.

No dejaría de ser un golpe bajo para Manolo. Ocho años de trayectoria reducidos a nada, lo ponen frente a un nuevo comienzo. Ocho años de conciertos con RCA Victor, por la CMBZ, con la cantante Rosario García Orellana; en la CMCD, con el tenor René Cabell; en la CMQ, con la cadena Crusellas y en los programas iniciales de la Corte Suprema del Arte. De éxitos con los números, de Juan Castro, pegados al tope de la popularidad: la melodía rítmica, «Humo de Opio», estrenada el 13 de julio de 1937, en la CMW; «La conga del Pilar», «La comparsa del Manglar», el bolero «Yo no soy celoso», y la canción «Tres violetas».

Aun cuando René Cabell y Miguelito Valdés escogieran sus caminos en una dirección distinta, y la orquesta quedara desarticulada luego del «golpe de estado», a un chasquido de los dedos, Manolo lograría recomponer sus filas. Y entonces, aparecen alistados el excelente cantante Carlos Díaz y como segunda voz, Eddie Urquía, más los instrumentistas: Rogelio Salazar, Gonzalo Mantici, entre otros.

No obstante, 1937 fue un año propicio donde cada paso que dieran, abriría puertas a nuevos músicos y géneros con el formato *jazz band* y ellos mismos como orquesta, se expandirían a diferentes escenarios poco explorados por la música popular.

Es el tiempo en que graban con la RCA Victor, «Conga de Panamá», de Lecuona y «Alegre Conga», de Miguel Matamoros. Y sus éxitos con la Victor son los que llevan a estreno —el 3 de abril de 1943— las grabaciones de los discos Panart, acompañados de Olga Guillot, y en ocasiones, de Wilfredo Fernández; y convierten en grandes *hits* —en los cincuenta— los discos Puchitos, con temas como «La basura», interpretado por la Guillot y «Soñando», por Carlos Díaz.

La relación de Carlos Díaz con la orquesta rebasaría cualquier obstáculo desde que en el año 1949, amenizara las noches de La Arboleda del Hotel Nacional bajo la dirección de Andrés Castro, y debutara con un bolero del compositor panameño Chino Hassan, que lo convertiría en la voz más escuchada junto a los hermanos Castro. Había llegado en sustitución del cantante Cheo Valladares, para quedarse durante nueve largos años, durante los cuales: viajaría a Venezuela (en 1958); reorganizaría la Casino de la Playa y grabaría el mismo repertorio que había popularizado Miguelito Valdés en el lejano 1937, cuando se les ocurriera darles el golpe de estado a Manolo.

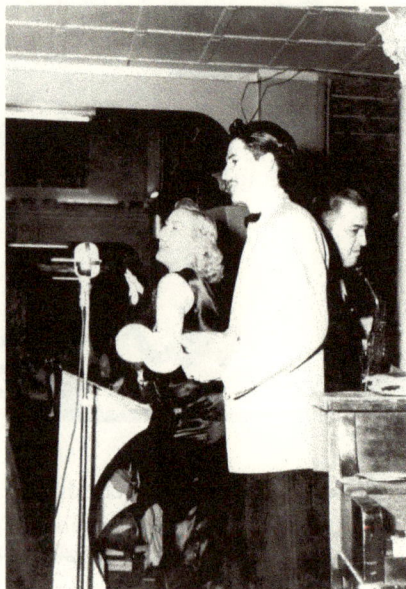

Margarita Robles, Carlos Díaz y Manuel Castro

En la voz de Carlos Díaz también llegarían a ganar popularidad los temas «No te importe saber», de René Touzet y «Comprensión», de Cristóbal Doval.

Pero todavía en la década de los treinta y en medio de la madeja que implicaban los movimientos físicos, los contratos continuos, las intrigas, ya los Hermanos Castro habían asumido una novedosa forma de hacer la canción que se venía gestando, y que implicaba una manera nueva de decir tanto en la letra, como en la melodía y la armonía. Para la canción, ahora era preciso un acompañamiento a placer, con armonías más nutridas y un sistema de arpegios y figuraciones rítmicas. Un sello de cubanía a tenor de la influencia de las bandas norteamericanas de Tommy Dorsey, Glen Millar y Benny Goodman.

Sin importar los comentarios, Manolo no había olvidado su voluntad de trascender la mera ejecución. Él era un ente activo en cuanto movimiento se organizaba en la ciudad. No le bastaba con el pago y la interpretación en los sitios donde su trabajo era considerado parte del servicio ofrecido a turistas. Tal como se había prometido a los catorce años, su ambición era pertenecer a una élite artística, de cierto nivel intelectual, avivada socialmente. Las fiestas en los casinos y clubes, aunque reportaban dinero, por el tiempo que le dedicaban, les hacían sentir que su labor se asemejaba más a la de un obrero, que a la de un creador.

La amistad que lo unía al maestro Ernesto Lecuona y los viajes a su finca, lo ayudarían a conservar la vertiente lírica de su formación, es la misma amistad que le serviría de incentivo, que mantendría la llama de la inquietud despierta. Lecuona, con su dedicación, su amistad incondicional, y su talento desbordante en todas las esferas, lograba de Manolo, lo que ni su familia podía. Con ellos mantendría una correspondencia hasta su muerte, pese a que los hermanos, aunque graduados y calificados como profesores de sus instrumentos no tenían buena caligrafía, porque eran músicos sin ninguna otra formación.

Las normas impuestas por Manolo, como director, eran rígidas en cuanto al intercambio de los músicos con otras orquestas. Sin embargo, dos años antes del primer «golpe de estado», bajo la influencia de Lecuona permitió que Juanito Castro, actuara en la jornada, organizada por el maestro en el Teatro Auditorium, el 1ro. de septiembre de 1935, a las diez de la mañana, con Rita Montaner, la Única, como figura central.

Lecuona, fiel colaborador de la Sociedad Pro Arte Musical, se empeñaba en que, los —no pocos— músicos talentosos que integraban la Hermanos Castro, tomaran parte en cada evento musical realizado en la ciudad. La Sociedad Pro Arte Musical era una de las instituciones culturales de mayor influencia internacional que, no solo había promovido la construcción de un teatro como el Auditórium, sino que también atraía a la escena cubana lo que más valía del escenario mundial.

No obstante, su escenario siempre estaría dispuesto para el público y la aptitud nacional, como lo había hecho en 1931, con la Escuela de Ballet, donde comenzarían su carrera Alberto, Fernando y Alicia Alonso. Y aunque entre 1935 y 1944 había perdido el control económico de la sede en la esquina D y Calzada, se había asegurado, mediante una cláusula legal, la utilización del espacio con espectáculos de calidad.

El 1ro. de septiembre de 1935, Juan Castro se presentó en el programa de música cubana de la Sociedad Pro Arte Musical, junto a las voces de Tomasita Núñez, Esther Borja, Graciella Santos, Hortensia Coalla y Margot. La ejecución de «Malagueña», de Lecuona, por la Orquesta de La Habana, dirigida por el propio compositor, con los pianistas: Ignacio Villa, René Touzet, Rafael Morales, Rafael López, Luis Ernesto Lecuona Pérez, David Rendón, Orlando Martínez y el de la orquesta Hermanos Castro, arrancó ovaciones del público, entre otros momentos cumbre de esa aparición.

Otra presentación relevante ocurrió el 20 de abril del de 1937, también en el Teatro Auditórium donde se lleva a escena, bajo la dirección artística del maestro, *La revista azul,* que incluyó como principal atractivo, la ejecución de «Para Vigo me voy», de Lecuona, que como nunca antes se había oído en La Habana, al ser cantada por un coro de noventa voces y el acompañamiento de las cuatro orquestas reunidas en el programa: La Habana, Ensueño, Hermanos Castro y Femenina.

Los actos en el Auditorium abarcaban selecciones de ópera, opereta, zarzuela y concierto que interpretaban Maruja González, Hortensia Coalla, Tomasita Núñez, Zoraida Marrero, Graciella Santos, Margarita Díaz, Georgina Du Bouchet, Constantino Pérez, Emilio Medrano, Panchito Naya, Las Tres Muñecas y el propio Lecuona; los actores Blanca Becerra, María Pardo, Paco Lara, Eddy López y Federico Piñero; los bailarines Julia Muñoz, Carmita Ortiz y Julio Richard. Todos de renombre en la escena cubana.

Otro 1ro. de septiembre, en el año 1937, los Castro integran la revista musical *Fiesta del Ritmo*, dirigida en el Teatro Martí, por el pianista y compositor Armando Valdespí. El espectáculo estaba encabezado por la cantante lírica Maruja González, y las voces de Rita Montaner, Margot Alvariño, Georgina Du Bouchet, Paulina Álvarez, María Ruiz, Mercedes Menéndez, Graciella Santos, Rafael Pradas, Las Tres Muñecas, acompañadas por la orquestación de los Hermanos Castro, Ensueño, Palau y el conjunto típico de Valdespí.

Aunque fuera un acto de traición imperdonable para muchos, que se fraguara, a espaldas de Manolo, durante el treinta y siete, el primer desprendimiento de la orquesta no causaría los estragos que algunos imaginaron, y aun cuando se resquebrajara la confianza que le tenían como director, cuesta pensar, que no fuera fruto de la envidia y los celos por el triunfo de la banda porque ese, había sido un año fructífero.

En 1938 ocurrió otro desmembramiento. La Havana Riverside sale de la escuelita, pero Manolo no lo llamaría golpe de estado, ni medió la intriga, solo que Enrique González Mantici, que había ingresado en 1936, tenía la necesidad de seguir adelante como compositor, arreglista y violinista.

La diversidad de espectáculos, la versatilidad, la casi ubicuidad de la música compuesta e interpretada por la agrupación, no se debían más que al entrenamiento musical. Nadie como ellos cosecharía los frutos de saber leer una partitura a la primera. El único problema era el tiempo y eso, con la energía de la juventud se salvaba. Manolo apenas podía componer, y en esa época solo crea «Inevitable», «No puedes», «Más que amor» y «Desafío», pero tenía a Juanito que había logrado colocar varios de sus números entre los primeros en las victrolas y la radio.

Otra de las facetas de Manolo, la de sindicalista, los llevaría a ser una de las orquestas fundadoras de la Unión Sindical de Músicos de Cuba, para a la misma vez constituir, bajo la dirección de Antonio Castro, una editora musical y acompañar a otros cantantes como Ruth Fernández, Nelson Pinedo y el dominicano, Juan Polanco.

A pesar del ajetreo musical en la capital, quedaría tiempo para las sociedades de provincia y la periferia de la ciudad. El 7 de mayo de 1938 la Colonia española de Esperanza, los contrataría para su fiesta del mes de las flores. En sus salones, a las nueve y media de la noche de ese sábado, solo se admitirían los invitados del presidente de la Colonia. La fama de la *jazz band* provocaría que las peticiones de participación de los asociados excedieran las capacidades.

Este mismo año volverían al cine. *Ahora seremos felices*, una producción de la Compañía Habana Industrial Cinematográfica, S.A. (CHIC), bajo la dirección de los norteamericanos William Nolte y Fred Bain, fue terminada en 1938, pero estrenada el 12 de junio del treinta y nueve, en los cines Payret y Radiocine con sonido estereofónico.

El cantante Juan Arvizu, Mapy Cortés y Juan José Martínez Casado protagonizan la historia de un romance entre una muchacha rica y un cantante de moda, que es interferido por la oposición del padre de ella, pero que al final da su aprobación.

El filme de 35 mm, en blanco y negro, con una duración original de cien minutos es típico de la época: un amor, con un final feliz, es recreado con temas musicales de moda de Juan Castro, Rafael Barros y Rafael Hernández, y con música del Septeto Jóvenes del Cayo, el Trío Antillano y de la Orquesta Hermanos Castro. *Ahora seremos felices* contó en su *staff*, con uno de los pioneros de la cinematografía cubana, Luis Caparrós, como operador de cámara.

La RHC Cadena Azul, animada por Pablo Medina, también prefirió por esta fecha celebrar el decimoquinto aniversario de la cerveza
Cristal, junto a Manolo Castro, mientras el conocido industrial Julio
Blanco Herrera, realizaba una visita a los estudios de la emisora, desde donde se difundía tres veces a la semana, *La Hora de la Maltina*,
amenizada por la orquesta. Un espacio donde la cervecería La Tropical patrocinaba las presentaciones de los Hermanos Castro, con el
cantante Oscar Lombardo, a la una y treinta y cinco de la tarde, en un
programa de *hits* y «lindas» canciones.

Quedaría inmortalizado el momento en una foto del hombre
de negocio junto a las personalidades radiofónicas: Manolo Castro; Georgina Dubouchet y María Ciérvide, integrantes del dúo
Primavera; José Aixalá y José Santamarina, de la Dirección de
Propaganda de La Tropical; Luis Aragón de Programas y Publicidad; Antonio Joffre del Departamento Comercial de la Cadena
Azul; y Lorenzo del Valle, conductor del noticiero.

Y pese a que las únicas grabaciones de orquestas cubanas con
verdaderos elementos del *jazz*, incluyendo las improvisaciones,
se realizaron en París, y el apogeo de la música cubana en algunos países de Europa, se hiciera sentir por la vinculación Habana,
Antillas Francesas y Nueva Orleans, los Hermanos Castro fueron no

solo de los que grabaron, sino también de los que, en el centro de la efervescencia, removieron cuanto elemento era necesario para formar lo que se conoce como *latin jazz, afrocuban jazz*.

El décimo aniversario de la orquesta se celebró con contratos durante todo el año con Miramar Yacht Club,[9] el Casino Español,[10] el Náutico de Marianao y el de Varadero; con actuaciones, de cuatro a cinco de la tarde, en los programas RCA Victor, por la CMQ y en los programas de *El progreso cubano*, de los que eran asiduos poco después de su fundación el 15 de diciembre de 1929, en la calle Monte.

La celebración incluyó la grabación de unos doscientos discos en los que contarían con el saxofonista Gustavo Más Romeu y la entrevista de Don Galaor, publicada el 19 de febrero de 1939 en su sección de *Bohemia*, dedicada a la farándula donde recorren los diez años de experiencia musical.

54

Bus de la Orquesta Hermanos Castro, años treinta

[9.] Avenida 1era, No. 9012, fundado en 1926, se edificó dos años antes y fue remodelada en la década de los cincuenta. Actualmente es el Círculo Social Obrero Patricio Lumumba.
[10.] Existía más de uno. He logrado localizar tres de ellos: el primero situado en Marianao y pertenecía a la clase media baja; y el segundo en Guanabacoa, en la calle Pepe Antonio; y el tercero, y al que se refiere el texto, estaba ubicado en Prado n.º 302, actualmente el Palacio de los Matrimonios del municipio Centro Habana.

Castro nacieron en Guanabacoa...

por Don GALAOR

todos los conjuntos cubren por igual ambos sectores; exceptuando desde luego, las clásicas, las gloriosas charangas de Romeu, Corman y otras que vinieron después arrollando en toda la línea y poniéndose en el primer plano de la popularidad, como Cheo Belén Puig y Belisario López.

A Manolo Castro y su orquesta le siguieron otros conjuntos que hoy son famosos también, que siguen su sistema y que en fiestas sociales son indispensables, porque lo mismo permiten arrollar en una conga y languidecer a los acordes de un tango que desarticularse con un fox y vacilar con un danzón o danzonete.

Cuando yo lo fui a ver a su oficina de la calle Aguila, estaba con Luis Suao, su compañero de toda la vida, manager de la orquesta Hermanos Castro desde

Manolo CASTRO, tiene fe ciega en el talento de Luis SUAO. Desde que fundó su orquesta, éste es el dirigente administrativo de la organización y todo cuanto se debe hacer desde el punto de vista comercial lo disentén ampliamente. Aquí están en la sala de la casa de Manolo Castro.

✦

(Abajo).—Juan CASTRO, autor de números tan populares como "Roňno de colis", "La Conga del Pilar", "La comparsa del Manglar", y otros, pianista de la orquesta y uno de los hermanos Castro más valiosos.

su fundación y cerebro y alma a la vez de sus éxitos.

—¿Cuántos hermanos Castro hay?— les pregunté.

—Cuatro —responde Suao.

—¿Cómo se llaman y qué hacen?

—Manolo toca el saxofón alto y el clarinete y es el director de la orquesta. Antonio toca el trombón. Juanito es pianista y Andrés, trompeta.

—¿Y usted Manolo, dónde nació?

(Pasa a la Pág 45)

Los hermanos de Manolo: Antonio, trombonista y Andrés, trompeta; éste es el más joven de la familia, ingresó en la orquesta hace sólo tres años. Antonio es, además, el tesorero de conmutación.

Revista Bohemia, 19 de febrero de 1939. Foto: Cortesía de Rosa Marquetti

como viven: como trabajan *Los Hermanos*

Hace diez años fundó la orquesta Hermanos Castro.—Pablo Álvarez de Cañas, la presentó por primera vez en público.—Estuvo en New York y en Puerto Rico.—Luis Rigo es un manager formidable.—La orquesta Hermanos Castro filmó una película corta con la "Warner Bros".—Bajo la batuta de Manolo Castro han actuado los más destacados intérpretes de la música popular.

* * *

MANOLO CASTRO se debe muchas improvisaciones dentro de la organización cubana. Actualmente, una orquesta, o era charanga de danzones o jazz band. Ahora así

[texto ilegible]

Manolo CASTRO dirigiendo uno de los últimos "hits" de la orquesta, debido a la inspiración de su batista Jojo, pianista y compositor de grandes méritos.

22

...va interrupción. El correo de Radiodifusión O'ghea ha llegado. Hay cartas de México, New York, Puerto Rico, Venezuela, Santiago de Cuba y ciudades del interior que reportan las trasmisiones que en conexión con la estación

que con Aire. hea.

ano s de Dalia difu lares smi MCY onas. ha o la n de sen e di uñoz Or Le aba ñú

La Orquesta de los Hermanos Castro, al abandonar los estudios de la CMCY, después de rendir su programa habitual de 2 a 3 de la tarde.

Revista Bohemia, 19 de febrero de 1939. Fotos: Cortesía de Rosa Marquetti

CANDELA EN LA CIUDAD (1940-1949)

La orquesta sigue siendo la familia

Las noches de espera de Rosario, la madre de los músicos, parecían eternas. Las presentaciones de sus hijos en los clubes nocturnos a veces duraban hasta la madrugada, pero ellos se habían hecho hombres y, aunque el respeto hacia ella se convertía casi en devoción, ya la madre no gozaba de autoridad suficiente para controlarlos y hacerlos dormir temprano. Esa era la vida que habían escogido y ella no podía hacer nada para cambiarla.

Andrés apenas comenzaba, pero Juan, con su talento musical y su fama de bohemio y compositor ya estaba pretendiendo a Ana Casanova; Antonio, y su boda prematura con una mujer que «trabajaba en la calle» provocaba un escándalo; y Manolo, su preferido, mantenía un noviazgo en Santo Suárez, en el moderno reparto de La Habana, con Carolina González, una muchacha de buena familia y ascendencia española, que parecía ser la candidata perfecta, porque sus aspiraciones no iban más allá de la de ser buena esposa y madre dedicada, y lo que era mejor, profesaba por su hijo, la idolatría que necesitaba todo hombre para ser comprendido.

Pero su exigencia era mucho mayor con las mujeres que pretendían a su primogénito, pues además de ser él quien motivara y arrastrara a la familia a la búsqueda de una vida mejor, lejos de su tierra, no había escatimado en posponer sus planes personales para ayudar a los suyos. Por otro lado, Rosario esperaba que él la cuidara hasta el último de sus días.

Rosario sabía del talento de los demás, y a todos los quería por igual, pero Manolo era el más sensible, y aunque pareciera fuerte y emprendedor, era frágil y en extremo soñador. Ya lo había sentido cuando en más de una ocasión, sufriera descalabros en la orquesta, o cuando algún amigo, en quien confiara, le diera la espalda.

Luis Suao había sido uno de ellos. Después de tantos años de trabajo en conjunto, de compartir buenas y malas situaciones, resultaba que se despedía sin una razón clara. El pretexto había sido su relación con Guillermina Salas, hija de uno de los empresarios de la radio, pero luego, en más de una ocasión engrosó la formación de la Casino de la Playa.

El hecho de preferir a Manolo por sobre los demás hijos no la cegaba. Ella veía cómo su primogénito, junto a la fama, comenzaba a tener problemas con el *whisky*, y le era preciso un cambio inmediato. La tendencia hacia los vicios le venían por su parte, porque no había día en que no comprara una papeleta de la lotería o no recitara los números de «la charada».[11] Pero si era a ella a quien él pedía opinión sobre cuanto músico se acercaba a la orquesta, convirtiéndola en parte y alma de la agrupación, era ella quien debía propiciar el giro en la vida de Manolo.

No bastaba ver cuán recio y enérgico fuese ni que la fama y la disciplina de la orquesta hubiesen alcanzado tales dimensiones que el pianista, compositor y director de la *jazz band* Lecuona Cuban Boys, Armando Oréfiche, se jactara al decir que venía a buscar buenos músicos a La Habana, y que estos eran los que tenían por maestro a Manolo Castro. se precisaba un cambio de ambiente o quizás un incentivo mayor.

Mientras vivieron en la calle Campanario, toda la familia se controlaba de alguna manera. Con José, el padre, vivo, las cosas seguían siendo tradicionalmente correctas, sin embargo, en 1943, cuando el viejo murió a causa de los padecimientos provocados por su trabajo en la marmolería, Rosario no quiso vivir más en la misma casa. Haber enviudado, después de tantos años de unión no le dejaba motivos de alegría, ni siquiera, la alentaba el nacimiento de la primera nieta, ocho meses antes.

La muerte también trajo consigo que cada uno de los hijos varones tomara su camino y ella quedara como había deseado, bajo el mismo techo de Manolo y su esposa Carolina. No importaba que él no quisiera salirse de estos barrios. No importaba vivir entre putas

---

[11.] Juego de azar también conocido como «la bolita» en el que los números adquieren una simbología.

y chulos, o gente que trataba de pagar alquileres baratos, porque sus salarios no les daban para más; ni ser testigos, casi participantes, de cuanta revuelta hubiese en la ciudad; o que los disparos los despertaran a medianoche, y ella sobresaltada, decidiera seguir esperando en un sillón, en la sala, que le avisaran de cualquier desgracia o que llegara su hijo pasado de tragos, con su traje de muselina, casimir o drill blanco, sus zapatos de Amadeo o Bulnes de dos tonos y el saxo al hombro.

Las noches de trabajo para Manolo lo eran de vigilia para Rosario, quien durante el día dormitaba en cualquier rincón, mientras escuchaba un programa de punto guajiro o de españoladas, donde tocaban Los Chavales de España. La adoración por su hijo no le impedía criticar aquella música que hacían sus descendientes y que a ella no le decía nada, pero que al menos les daba para comer y vivir sin miserias. Rosario no los seguía con el dial porque sus canciones le parecían demasiado subidas de tono para sus años.

Su adoración tampoco le impedía vaciarle los bolsillos a Manolo en busca de dinero para repartirlo entre sus hijas, Lolita y Carmita, que no corrían la misma suerte.

La boda del mayor había venido, para ella, como garantía de un relevo ahora que estaba tan segura de que todos morimos algún día y de que ella no sería eterna para mimarlo: el plan era que otra mujer cuidara, como ella, de su preferido. Entonces, en la casa de Campanario comenzó a no caber tanta familia, pero, sobre todo, a no caber la nostalgia de la viudez.

Para Manolo no fue difícil encontrar un nuevo hogar. Desde la década de los treinta había disfrutado, mientras ensayaba en el cine-teatro Majestic, la restauración de una casa en la calle Consulado. Lo que había sido una casa señorial de La Habana extramuros, se estaba convirtiendo en una vivienda moderna *art deco*, con una sala adecuada para los ensayos y para un piano de cola. La casa tenía, además, cuatro habitaciones, con una cocina comedor amplísima, dos baños, uno para los dueños y otro de servicio, y un puntal alto que permitiría soportar el calor de la ciudad. Aunque los dueños la habitaron por algún tiempo, el barrio se volvió insoportable, fue la oportunidad para que la familia Castro la ocupara en 1943. De alguna manera, también deben haber influido el pensamiento y el deseo de Manolo, quien cada vez que terminaba una función, se detenía a contemplar la residencia, y se preguntaba si estaría disponible.

Cuando todo en la casa quedara listo, Carolina ocuparía el cuarto más independiente que daba al comedor; la recién nacida y la joven pareja, con su juego de cuarto de caoba y siete espejos, dos cuartos que se comunicaban por una puerta.

Carolina, esposa de Manolo Castro

En Consulado n.º 207, entre Ánimas y Trocadero, Centro Habana, barrio Colón, comenzaría a ser el punto de confluencia no solo de la familia, sino también de la orquesta y su música.

Esta casa le permitiría a Manolo enseñar a cocinar a Carolina, su esposa, con la condición de que ella le sirviese de pinche y fregase todo, después de que él utilizara un cubierto o un recipiente para cada cosa. Su aventura en la cocina era más fatigosa para quienes le rodeaban que para él mismo. A veces ofrecía pargo al horno, otras, arroz con pollo a la chorrera o galantina de pavo, rellena con jamón del diablo, siempre para la familia e invitados, a los que Carolina servía de forma espléndida. Todos salían satisfechos porque durante su estancia en el Waldorf Astoria por el año 1931, los *maitres* le habían enseñado algunos secretos de la cocina internacional.

El alquiler de Consulado 207 era costoso pero el año había comenzado con buenos contratos. Así lo demuestra la invitación a un sugerente almuerzo de confraternidad el 31 de enero del mismo año de la mudanza. El menú de la ESSO brindaba un galoncito de coctel de frutas, frijoles negros a lo Esso Fuel Oil, pescado a la Ward Essential, arroz con pollo a la horca, ensalada mixta cubeteada, tostones, café asfáltico, tabaco a lo Foamite, y para «echar un pie», en Río Cristal,[12] los Hermanos Castro.

En mayo de 1941, «El muerto se fue de Rumba», de Blanco Suazo, les había proporcionado un impulso a la fama. Seguían demostrando poderío y equilibrio entre la percusión y los metales. La letra de esta canción cuenta la historia de un rumbero que resucita al escuchar el sonido de una conga. Grabado por la Columbia, en el único viaje que realiza la disquera a La Habana, en la voz de Miguelito García, se populariza como reflejo de la relación *sui generis* que tiene el cubano con la muerte.

Habían comenzado la década en el pináculo de la fama, a pesar de que los altibajos eran inevitables. Solamente en 1940 habían estrena-

---

[12.] Centro recreativo aún situado en el Km 8 y medio de la Carretera de Rancho Boyeros.

do «La conga de Manacas» y el bolero, «Tuyo es todo», en la CMCX; «Vámonos, negra», «Cabellera roja» y «La conga de Aguadulce», en la CMQ; todos grandes *hits*, más los contratos con la RCA Victor y como orquesta acompañante en la disquera Panart junto a voces, como la de Bienvenido Granda, Olga Guillot o Rosita Fornés.[13]

Las conexiones entre la Fornés y la orquesta existen desde antes que ella decidiera ser artista y presentarse en La Corte de Suprema en 1938. A los trece años ya escuchaba en la radio las presentaciones de los Castro junto a Miguelito Valdés. Luego, mientras frecuentaba el micrófono de los Castro, sostiene relaciones con René Cabell, su primer novio. Y por último, antes de irse a residir en México por un largo tiempo, la editora Puchito le ofrece el privilegio de grabar «Es mi hombre» y «Sensualidad», con un acompañamiento y una instrumentación de lujo.

Ella, que solo entonces comenzaba a tener un nombre en lo que le interesaba más, su carrera como actriz, logró gracias a su multifacético desdoblamiento, grabar con la orquesta decana.

Olga Guillot, tendrá su historia aparte con la orquesta y Bienvenido Granda, siendo casi adolescente habría de pasar por la agrupación de Manolo, donde ganaría prestigio y profesionalidad. Todavía faltarían algunos años para que, en *La Onda de la Alegría*, el locutor Gustavo Pimentel Medina, le llamara a Bienvenido, El bigote que canta.

Cortesía de: Colección Eloy Cepero

[13.] Ver anexos donde aparecen las grabaciones de la casas editoriales, aquí referidas.

CONSULADO 207. ANTONIO Y JUAN CASTRO

El Casino Deportivo, desde las periféricas playas de Marianao, anunciaba cada fin de semana o a inicio de temporada a la orquesta como una de sus grandes atracciones. Lo mismo sucedía con el Hotel Nacional y con el resto de los clubes. Así que pagar ochenta pesos por un lugar como Consulado 207, no era simplemente justo, sino también necesario. La oxigenación en la membresía de la *jazz band* se la debían al barrio, al ambiente, las vivencias, la confluencia de músicos, con la musicalidad que les caracterizaba. Richard Egües, por ejemplo, fue uno de los vecinos que en la década de los cincuenta se convirtió en uno de los amigos de la familia, que frecuentaba la casa con su magistralidad en la ejecución de la flauta.

De alguna manera debieron haber influido los negocios que funcionaban cerca y cuyo principal objetivo era el entretenimiento. Consulado 207 estaba a pocas cuadras de Neptuno, calle famosa por sus academias de baile donde a las mujeres se les pagaba para que bailaran y brindaran, quizás, otros servicios. La orquesta se podría encontrar en Habana Sport, en Prado y Neptuno; El sport antillano, en Galiano; la Marte y Belona, al lado de la tienda Sears.

La casa estaba a cien metros también del Paseo del Prado con sus asociaciones españolas. Entre ellas, el Centro Asturiano con sus setenta mil afiliados, justo frente al Parque Central; el Centro Gallego, en Prado y San Rafael; y la Artística Gallega.

Entre los bares y cabarets que les garantizaban el trabajo cerca de casa estaban en el mismo Consulado y Neptuno el bar Los parados; en San Rafael, el National Night Club, con dos *shows* diarios; en Galiano n.º 115, Los Troncos; en Amistad esquina a San Miguel, estaban también, el Palermo Club, la marquesina del Hotel Saratoga, donde tocaban las Anacaona; o ya más alejados, en

Infanta y San Martín, La Campana, y en esa misma esquina, la Canada Dry y el Brindis Bar, con cena y baile incluidos.

La permisividad del barrio Colón, concedería —sin muchos requerimientos— que una orquesta ensayara y festejara, que Manolo se emborrachara hasta el coma alcohólico o que Juanito Castro pudiera mantener el vicio del opio y el hachís, a unas cuadras, en el mismo Consulado, entre Genio y Refugio, donde los caseros les cerrarían el contrato de renta a él y a su esposa, Ana Casanova quienes luego tendrían que ingresar a un programa de desintoxicación e irse a vivir a La Lisa.

Inquieto, distraído, pero buen pianista, Juan Castro —uno de los pocos que mejor conocía la música de Lecuona, sabía de memoria cada composición del maestro. Era zurdo y esa característica le daba un toque exquisito a sus interpretaciones. Las visitas de Juanito a la casa de Consulado se resumían a una sentada al piano, en el que tocaba interminables conciertos, sin intercambiar apenas palabras con los demás miembros de la familia.

Cuentan que en uno de los viajes de la orquesta a otra provincia, el camión quedó atascado en el fango, y le tocó a Juan buscar, a campo traviesa, ayuda, pero terminó siendo el socorrido, pues cayó a un pozo ciego o letrina, donde por poco muere y de paso «mata» al resto, por las condiciones en que salió: lleno de porquería hasta los pelos.

La década de los cuarenta significó para los Castro un cierre de filas. Después de la renuncia de Luis Suao, quien llevó la administración fue Antonio Castro, por lo que todo el negocio comenzaba a quedar exclusivamente en manos de la familia.

Aunque Manolo nunca dejó de inmiscuirse en cuanto asunto se relacionara con sus músicos, Antonio llegó a administrar hasta la economía de la casa de Consulado. Manolo había demostrado cierta incompetencia con relación a las cuentas, y para contar el dinero y establecer los términos de los contratos que firmaba la orquesta, solo se necesitaba un espacio de apenas dos metros cuadrados, entre el baño y el balcón interior de la casa, y un buró con una tapa enorme que lo protegía de la lluvia.

El único defecto de Antonio parecía ser su gusto desmedido por las mujeres hasta que llegó su esposa Caridad, a la que nunca Rosario pudo soportar. Y pese a que el matrimonio se había celebrado en la década de los treinta, y había una hija ya nacida, la suegra no se limitaba para decir que su nuera era la puta más grande del Ministerio de Hacienda, donde trabajaba, y como una cadena de infidelidades de ambas partes la respaldaban, no había quien le hiciera callar.

El administrador también era el único que poseía carro y que sabía manejar, por eso fue el chofer de todos los camiones que tuvieron. Esta ventaja casi le cuesta una golpiza de la policía en una oportunidad, cuando manejando el transporte de la orquesta, interfirió en una persecución. Y aunque se libró de pasar unos días en prisión, no se salvó de las amenazas y zarandeos que le propinaron por haber obstruido la cacería de un grupo del Directorio Revolucionario 13 de Marzo.

Antonio Castro en su juventud

Antonio era la contrapartida de Manolo o un ángel protector de la familia, al punto que el día en que Silvia Castro, su sobrina, con apenas ocho años, quedó encerrada en el baño por pasar el pestillo de la puerta, fue su tío quien saltó por la ventana y entró a rescatarla.

Pero su paciencia llegó al límite cuando Manolo hizo valer su autoridad y lo puso en ridículo ante los demás. Fundó su propio conjunto, al que llamó Don Hidalgo, como un guiño a la familia materna y como demostración de que él también podía emprender una empresa de tamañas dimensiones. Por suerte, para la época en que se convirtió en el administrador, estas diferencias habían sido zanjadas y la reconciliación junto a la madurez de carácter habían llegado unidas.

Y aunque se encargaba de los detalles de Consulado, vivía en San Lázaro, en un edificio con elevador y una bodega famosa en los bajos, la 1005. Era un lujoso departamento duplex de dos cuartos, con balcón a Malecón y a la misma calle de entrada. Después de 1955, se mudarían para El Náutico donde construirían una casa de dos plantas, con fondo a la avenida que lleva a la playa de Santa Fe. La cocina había sido copiada de una revista norteamericana y como Caridad, su esposa, se las daba de *high,* el chalet respondía a la moda internacional.

Manolo llegaba a otro extremo. El *whisky* ya había calado hondo, y pese a que no dejaba de producir ni había perdido la perspectiva de cuánto quería lograr, cuando tomaba de más, lo mismo podía llegar a la casa trastabillando que acercarse a un auto detenido y asustar a sus ocupantes gritando la palabra «candela».

No sucedía nada mientras lo reconocieran, pero en más de una ocasión tuvieron que intervenir los amigos para evitar disgustos que pasaran de una simple disputa. El fuego se le desataba cada vez que se emocionaba y lo mismo podía ser durante una presentación o en medio de la calle en plena madrugada.

QUINCE AÑOS. VENEZUELA LOS RECIBE NUEVAMENTE

A punto de cumplir quince años, la orquesta seguía estando en la lista de preferencias de reuniones y festejos de las clases alta y media. Era como llevar a la elegancia de sus salones, vestida de un blanco español e impecable, la frescura de la calle, por lo que las señoras patrocinadoras de la Asociación Nacional de Inválidos los preferían para su festival en la finca Las piedras, en San Francisco de Paula, compartiendo el escenario con el Septeto Cuba y el cantante Fernando Collazo.

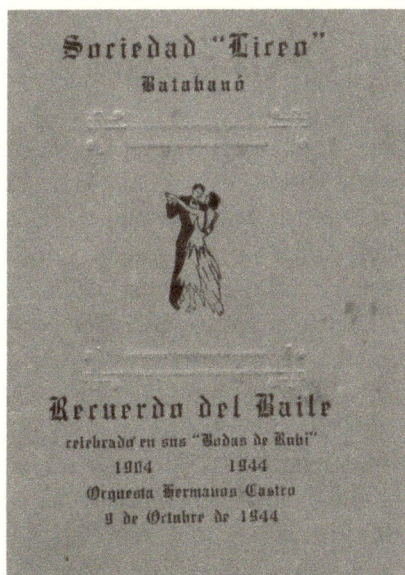

La elegancia también les valía para que en el Teatro Campoamor, uno de los más concurridos de la ciudad, los contrataran para el estreno del metrotone, con la comedia ¡Ay, que me mojo!, de la Metro Goldwyn Mayer, y la romántica producción *El hijo del destino*, con Ramón Navarro, y que se presentaran junto a los bailarines Fowler y Tamara, interpretando el tango gaucho «El hindú», «Cielito lindo», «Rosa, la china», y el maxime modern «O ya ya»; o para que en el Casino Deportivo de La Habana, los estuvieran anunciando constantemente, en sus bailes; o que el 9 de octubre del 44, los invitaran a la Sociedad Liceo de Batabanó, para celebrar las bodas de Rubí (1904-1944) de uno de sus fundadores.

Meses antes se anunciaría el 15 de julio, en los salones de la Artística Gallega y la Unión Juvenil Hebrea de Cuba, situada en la calle Zulueta, n.º 660, un baile a beneficio del colegio Sholem-Aleijem, junto al conjunto Gloria Sagüera.

En 1944 seguirían la misma rutina de audiciones. Las puertas siempre estarían abiertas a cuanto cantante de calidad asomara la cabeza por la capital, buscando, quizás un poco de movimiento y exclusividad. Así que en cuanto voces como las de Estanislao, Laíto, Sureda, aparecían, ya tenían trabajo. A Laíto le sucedió así, después del 48, cuando llegó a La Habana, y sin pasar por los programas de moda que ganaban audiencia en la caza de talentos, como La Corte Suprema o Buscando Estrellas, ya tenía ocupación en la *jazz band*.

El aniversario cerrado lo festejarían en Caracas, Venezuela. En 1945, Manolo seguiría viéndose —según el Visto Bueno de Transeúnte,[14] expedido el 23 de noviembre, para su viaje—, con los ojos color pardo,

---

[14.] Documento Legal, especie de visa para entrar a Venezuela.

el cabello negro, la piel blanca, de una estatura de 5,5 pies y sin señas particulares. El documento sería tramitado como cubano inscrito el 12 de mayo de 1908, casado, y de profesión, artista, con el número de pasaporte 11732, firmado por el sub-secretario de Estado, junto al certificado de vacunas, el certificado médico y los antecedentes penales del 9 y 12 de noviembre.

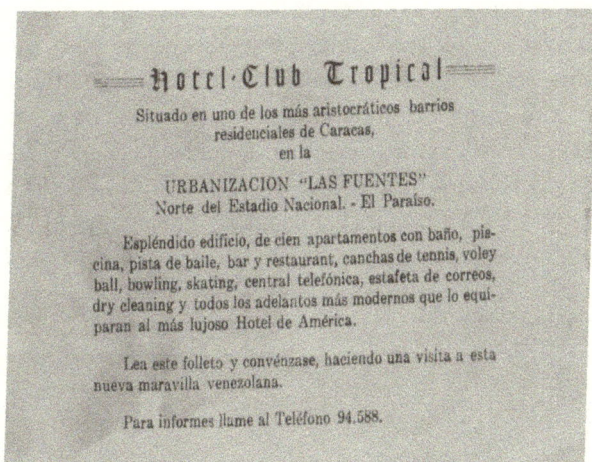

===**Hotel·Club Tropical**===

Situado en uno de los más aristocráticos barrios
residenciales de Caracas,
en la

URBANIZACION "LAS FUENTES"
Norte del Estadio Nacional. - El Paraíso.

Espléndido edificio, de cien apartamentos con baño, piscina, pista de baile, bar y restaurant, canchas de tennis, voley ball, bowling, skating, central telefónica, estafeta de correos, dry cleaning y todos los adelantos más modernos que lo equiparan al más lujoso Hotel de América.

Lea este folleto y convénzase, haciendo una visita a esta nueva maravilla venezolana.

Para informes llame al Teléfono 94.588.

A partir de su llegada a Venezuela se puede trazar un mapa diario de las presentaciones y lo que suponía debía ser solo hasta el mes de marzo, se prorrogó hasta mediados del año siguiente.

Previendo las consecuencias que podrían traer sus presentaciones, sin que mediara un respeto por el sindicato musical venezolano —ya tenían la experiencia de New York y San Juan— y aunque en Puerto Rico no había pasado nada relevante, por consideración, incluso a la organización cubana de la que ellos eran miembros y habían sido fundadores, con quienes primero contactaron fue con dirigentes sindicales.

Una vez establecidos en El Paraíso, uno de los más aristocráticos barrios residenciales de Caracas, al norte del Estadio Nacional, la orquesta brindó un coctel el 20 de diciembre a los representantes de la prensa, dirigentes de la Asociación Musical y personas amigas, en la quinta El Castillete, con motivo de sus próximas presentaciones en los salones del Hotel Club Tropical.

Integraban la alineación, los cuatro hermanos, más Carlos Arado, Vento Rodríguez, Oscar Morenza, Manuel Arduras, Luis

Barrera, Antonio García, Carlos Toledo, Ángel Batista, y como cantante, Orlando Planas. Las presentaciones estarían siempre acompañadas por la *vedette* Aidita Artigas que, por ser aún soltera, viajó junto a su padre Rogelio Artigas, tal como la moral de la época lo exigía.

Fueron anunciados como una de las mejores orquestas cubanas que les hubiera visitado, profunda conocedora de los secretos de la música moderna bailable, que procuraba estar siempre en posesión de las últimas producciones musicales. Hicieron además, una reconstrucción de su recorrido por el Caribe, que incluía un viaje a Santo Domingo, y de otros éxitos de la agrupación frente a los micrófonos de la RKO, en las estaciones de radio CMBZ, Cadena Azul, CMQ, y en la emisora del pueblo, la Mil Diez.

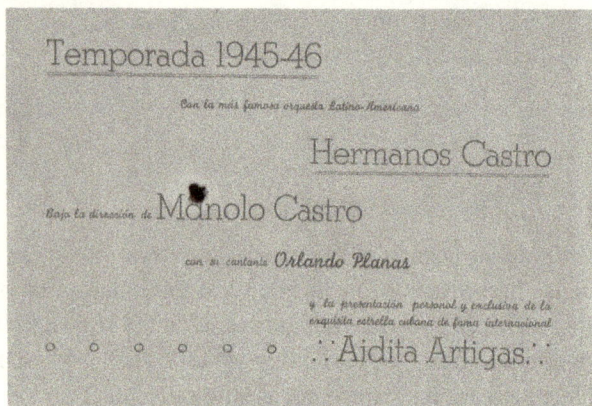

Temporada 1945-46

Con la más famosa orquesta Latino-Americana

Hermanos Castro

Bajo la dirección de Manolo Castro

con su cantante Orlando Planas

y la presentación personal y exclusiva de la orquesta estrella cubana de fama internacional

.·. Aidita Artigas .·.

La *vedette* que les acompañaba, con apenas diecisiete años de edad ya lucía un amplio y brillante récord de actuaciones, en los escenarios de Puerto Rico, Santo Domingo, Nueva York, Honduras y Guatemala. En Cuba ya se había impuesto en los grandes clubes y en las más importantes emisoras. En Venezuela Aidita posó en compañía de la Reina de la Prensa Dora I, y de un grupo de periodistas y amigos. Antes en La Habana, durante los ensayos en la Casa de Consulado, Rosario, la madre de los músicos, le había dado el visto bueno a la joven, y no se equivocó, en más de una ocasión la joven tendría que salir fuertemente escoltada por el impacto de sus interpretaciones.

En otro anuncio también fueron comentadas las presentaciones de la orquesta en Radio Mara, como una atracción exclusiva, a las ocho de la noche con los cantantes Aidita Artigas y Orlando Planas, más los bailes en el Dancing Club Tropical, los días domingo 17, lunes 18 y martes 19 y la expectativa de próximas presentaciones en los teatros de la ciudad.

Temporada 1945-1946, Caracas, Venezuela. Hotel Club Tropical, cantante Orlando Planas

Aunque se presentaran en más de un espacio venezolano, el principal anfitrión sería el Dancing Club Tropical, que se vendía como modernísimo porque contaba con teléfono, estafeta de correos, servicios telegráficos y de cables, esmerados servicios de restaurant, bar, peluquería, *beauty parlor*, canchas de tennis con una amplia piscina con luces interiores y aguas clorificadas, pista de baile, fuente de soda, *night club*, además de estar cercano al estadio y el hipódromo Nacional.

El caraqueño Hotel Club Tropical no solo anunciaba presentaciones esporádicas, sino también todo un *tour de force* durante las temporadas de navidad, año nuevo y carnaval, a partir del 22 de diciembre a las nueve de la noche. Se esperaba que lo que distinguiese la celebración del primer aniversario del Club, al día siguiente, fuese, precisamente la actuación de la banda cubana.

La radio, entre otras opciones había permitido trasladar la efervescencia de las melodías de Cuba al resto del continente, situándola como una de las principales plazas de confluencias musicales. A solo noventa millas de los Estados Unidos era pionera en cuanto avance tecnológico existiera, pero sobre todo, a ella llegaban los ritmos del norte, y aun cuando las condiciones propiciaran cierto espíritu de desarrollo, los músicos se aventuraban a buscar trabajo en el territorio más cercano y próspero que descubrían.

Ya en 1943, por esta misma fecha, estaban creadas las condiciones para que Mario Bauzá sacara a la luz su reconocida pieza «Tanga», y luego «Cubop City». Este ambiente también había propiciado que Chano Pozo brillara, y que en el viaje a New York, en 1947, quedara inmortalizado junto a la *jazz band* de Dizzy Gillespie y su sonado tema «Manteca».

El apogeo en Cuba de los conjuntos; el filin, el ritmo batanga del compositor y pianista Bebo Valdés; de las orquestas de Arcaño y sus Maravillas; Melodías del 40, fundada por Regino Frontera Fraga, Ernesto Duarte; la Casino de la Playa; la Riverside y la Hermanos Castro, sucedía en paralelo a la creación en New York de la AfroCubans, del cantante y compositor, Frank Grillo o Machito, a la que después se incorporarán Mario Bauzá y el timbalero puertorriqueño Tito Puentes.

La Orquesta Hermanos Castro en el Hotel Club Tropical, Caracas, Venezuela

El batanga, pese a que había muerto casi instantáneamente, no escaparía a la interpretación de Manolo, quien años más tarde grabaría «Batanga a la española», en la voz de Carlos Díaz, con arreglos del clarinetista José Urfé, al que ya le había tocado la fama cuando, a principios de siglo, había compuesto «El bombín de Barreto». Por demás, el empecinado director no había renunciado a ese ritmo con la misma facilidad con que lo haría su creador, Bebo Valdés, a quien pagaría, gracias a su talento, más de un trabajo de orquestación.

Aidita Artigas con la Orquesta Hermanos Castro

De momento, los hermanos pasarían las Pascuas del 46 en el Hotel Club Tropical, en una regia vespertina danzante, que sería transmitida por Radio Cultura, con cobertura para periódicos como *El Heraldo* y *Caracas*.

Antes de la partida habían gozado de la presencia del cantante oriental Manuel «Puntillita» Licea Lamouth, quien alternaba sus interpretaciones entre las orquestas de Julio Cueva, el Conjunto Casino y la misma Castro. Puntillita, como le decían, había quedado en La Habana, pero esta no iba a ser su única experiencia con la *jazz band*.

La quinta presentación sería el 31 de diciembre de 1945, amenizando en uno de los espacios más ventilados de Caracas (el club que los había contratado desde su arribo al continente), el popular juego de cotillón, con la promoción espectacular de Aidita Artigas cantando y bailando el joropo «Alma llanera», del compositor Pedro Elías Gutiérrez, y la ejecución al piano de Juanito Castro. En esta ocasión compartirían el escenario con el aplaudido conjunto Filo Rodríguez y sus Tropical Boys.

La Orquesta Hermanos Castro. Caracas, Venezuela, 25 de febrero de 1946

Para los primeros días del año, les esperaban la radio, los clubes y alguna que otra asociación caraqueña de prestigio burgués. Pero el jueves 10 de enero comenzaban con un día de modas. Ya esta manera singular de apreciar la música la habían vivido en Cuba y se haría más famosa durante la década de los cincuenta. Las melodías rítmicas eran las más apropiadas para que las bellas modelos desfilaran por los bordes de la piscina ya fuese con trajes de baño, vestidos o conjuntos, según la temporada. Y quién mejor que Aidita Artigas, la *vedette* cubana, para mostrar una falda dos centímetros por encima del tobillo.

Las presentaciones del Club Tropical, en febrero, comenzaron a ser a beneficio de obras sociales, pensadas y pagadas por las señoras asociadas, a las que cualquier excusa les era suficiente para acercarse a la fama donjuanesca que ya marcaba a los músicos cubanos.

René Cabell pasaría por los escenarios venezolanos acompañado, en esta ocasión por la agrupación que lo había popularizado en Cuba. El miércoles 4, a las ocho y media de la noche, cuando apenas acababa de oscurecer, las luces se encenderían para que —a beneficio del Hospital Poliomielítico— se ofreciera un baile al compás de la música de la isla y un extraordinario desfile de modas con creaciones exclusivas de París, para la empresa Selecciones, de Leon Benzecry & Co. El galán cantó el memorable «Tú me acostumbraste», de Frank Domínguez.

Con el trío Los Panchos compartirían el escenario. Las entradas para el espectáculo no durarían demasiado tiempo a la venta en Selecciones, Las Gradillas a Sociedad, del mismo club y el Hospital Ortopédico Infantil, en medio del carnaval de Caracas, que se había inaugurado el 2 de febrero con un baile de trajes en el Tropical, dedicado a las comparsas Variedades 1946, Siboney, Alegre Juventud y en el Club de Los Medanos. En este último actuarían «los caballeros de la música», como en más de una ocasión fueron anunciados los Hermanos Castro.

Otro motivo de noticia fue la cancelación de una vespertina danzante sin la orquesta, donde el secretario de correspondencia del hotel firmaría para certificar que la actuación de los Castro había sido cedida para el Centro Líbano Sirio y que a cambio, se daría un baile de trajes y se exigiría la tarjeta de presentación del mes de enero, certificando así el pago de los miembros, y se ofrecería, además, otro bailable en el Maracaibo lo que sería una oportunidad para los músicos y los seguidores de los ritmos cubanos.

Orlando Planas, después de la intervención de René Cabell, continuaría compartiendo con la orquesta, como la voz líder de la banda, con quien cerrarían los carnavales que durarían todo el mes de febrero, tal como se leía en los titulares del periódico *El Nacional*.

Roberto Sánchez Ferrer, graduado del Instituto Edison, situado en la Víbora,[15] saxofonista y clarinetista, se unió a la orquesta durante el tour venezolano. Antes había integrado el grupo de *jazz* Los Raqueteros del Swing, con Chico O´Farrill como director.

Cuando la confianza en sus presentaciones había consolidado, el propietario del Escambrón Beach se había enterado de las habilidades culinarias de Manolo y terminada la última función, le abrió las puertas de la cocina donde le esperaban una formación de cocineros y ayudantes a la espera de sus indicaciones. Esa noche elaboraría una paella española para sus invitados.

[15.] Su dirección exacta es Patrocinio y Poey, Víbora. Actualmente funciona como escuela auque el estudio en ella no tiene las mismas connotaciones.

LECUONA, SERGIO ORTA. LOS CASTRO

Los primeros anuncios serían, en el diario *El Crisol*, para la presentación en el Teatro América con la revista follies del Casino Nacional, *Night and Day*, y el elenco estaría conformado por Margarita Lecuona, Pepe Armill; Cristina y Marvin; del Casino Nacional, el cuerpo internacional Glamour Girls: Ann Drake, Beverly Michels, Bett Lang, Vera Brown, Sherry Marsh, Lucille Day, Karina Branch, Saro Paola; más Marianela Bonet, Jorge Baloyra y sus Trinidad Dancers; Tony and Gladys y The Tropical Boys.

En dos horarios y junto a una producción de la RKO Radio Pictures, protagonizarían el debut del tenor español Calvo de Rojas, el repertorio de la cancionera Xonia Benguria, la última semana de *La escalera Musical* de Saul Grauman y la orquesta Cosmopolita, bajo la dirección del maestro Humberto Suárez.

Con estas revistas musicales se establecería una corporación musical, no inscrita pero sí tangible en cuanto escenario habanero se lo permitiera: Lecuona, Sergio Orta, Manolo Castro.

El maestro Lecuona ya era el mayor exponente y renovador de la música clásica cubana, desde niño había sido aclamado en más de un escenario lo mismo latinoamericano que europeo. La experiencia en las variedades la había adquirido de su relación con el poeta y dramaturgo, Sánchez Galarraga, por quien profesó una idolatría que trascendió los predios de su finca.

La colaboración de Lecuona y de Sergio Orta con Manolo Castro hacían de cada función, un hecho trascendental. Nadie mejor que Orta para combinar bailarinas de largas piernas, cantantes de *bel canto* y música popular, junto a la orquesta de los Hermanos Castro u otras que eventualmente fueran contratadas. Quién mejor que él para dirigir y crear espectáculos que pasaran por el Casino o el Hotel Nacional, por los teatros de la ciudad y ser diez años atrás, uno de los actores principales de la creación del cabaret más importante que ha tenido Cuba en todos los tiempos, Tropicana.[16] Quien viera a Sergio Orta con sus doscientas libras y su talla mediana, no podría imaginar el genio artístico que guardaba.

En 1936 ya se conocía el tema *opening* «Tropicana», de Alfredo Brito, pues se había utilizado en una de las producciones, del recién clausurado, cabaret Edén Concert, de la calle Zulueta, de La Habana Vieja. Su dueño era el ítalo-brasileño Víctor de Correa D´Costa, y no casualmente su director artístico era el coreógrafo, El Gordo Orta.

[16.] Situado en la calle 72, no. 4504, esq. Línea de ferrocarril, Marianao.

Justo en ese año el negociante, D´Acosta, tuvo la gran idea de rentar una quinta de recreo con su hermosa mansión, Villa Mina, rodeada de un frondoso bosque tropical de árboles frutales, palmas y flores, para montar un cabaret en las afueras de La Habana. Al unísono buscó una melodía que con su texto sirviera para abrir y cerrar los *shows* del nuevo centro nocturno, y que tuviera que ver con su entorno. Y es Sergio Orta quien le sugiere aceptar la melodía «Tropicana» y con ella a Alfredo Brito, y a uno de sus hermanos que ya cobraba fama por su composición güajira «El Amor de mi bohío», como integrantes de la orquesta que los representaría.

Diez años después, en 1946, con sobrado prestigio y en compañía del genio de Lecuona, EL Gordo, recrea fantasías musicales, donde Manolo y su orquesta tomarían una parte importante. Así, sucediendo una temporada a la otra, se va presentando follie *Night and Day* con efectos lumínicos y decorados solo vistos en el Teatro América,[17] a un costo la luneta de un peso.

La Orquesta Hermanos Castro, Ernesto Lecuona y Sergio Orta

[17.] Situado en las calles Galiano y Concordia, con el teléfono M2322, aunque se mantiene en activo y se esfuerza por mantener la actividad cultural que le diera motivo para existir, muestra la decadencia del espectáculo musical en Cuba.

La follie de Orta competía con la programación de Radio Cine y sus éxitos de RKO Radio, y con las superproducciones *Acorralado*, con Walter Slezak y el estreno de *Los recursos de Dick Tracy*, con Anna Jeffries y los intermedios del Trío Rigual, la cancionera Rosa Elena Miró y la pareja de bailes internacionales Olga y Darde; o con el estreno *El rostro del diamante*, protagonizada por Tom Conwax y Magde Meredith, el episodio de la serie *El Halcón*, y la cantante Olga Mayoral acompañada por el conjunto Cosmopolita.

Con estos nuevos elementos incorporados, el 14 de diciembre del 46, les esperaba una noche inaugural de la temporada de invierno del Casino Nacional. Centro de reunión predilecto de la sociedad habanera, ávida de fiestas de esta índole, caracterizado por su elegancia y distinción había ido creando reformas para el público asiduo, que iba a encontrar, toda clase de atracciones de múltiples e interesantes variedades.

A las nueve y media se comenzaría con el *dinner de luxe*, para el que se había fijado el precio de diez pesos el cubierto. Desde esa hora, reinaría el baile hasta la madrugada, a los acordes de la Orquesta Hermanos Castro, el siempre solicitado conjunto, y de la orquesta Anacaona, después de su reciente éxito por Europa.

La dirección artística había sido confiada a Ernesto Lecuona, el inspirado pianista y compositor, que tan alto ha puesto el nombre de Cuba en el mundo entero, y quien tomaría parte principal en el espectáculo.

Se presentaron, además, la pareja de baile español que forman María Teresa Acuña y Juan León, quienes acababan de triunfar en los principales *night clubs* de New York; Oscar López, intérprete de los ritmos afrocubanos; la cantante Esther Borja y la pareja de rumba María y René, quienes, como garantía de calidad, se decía que acababan de llegar de New York también.

Otros hechizos del Gran Casino Nacional, eran el Keno, para el que se había habilitado un salón especial, atendido por cuatro preciosas muchachas; y la ruleta, baccarat y otros juegos.

Esa noche asistirían al Casino veinte celebridades de los Estados Unidos, en un avión especial fletado por la empresa, para disfrutar de su *dinner* de gala, el *show* y el baile, y regresar a Miami a las seis de la madrugada.

Julio Burgue, el caballero y atento *maitre*, desde dos días antes ya tenía numerosas reservaciones para la fiesta inaugural, pero seguiría recibiendo las órdenes por el teléfono F0. 9836.

El espectáculo resultó ser una novedad en todos sus aspectos. Las más distinguidas familias habaneras, así como elementos de la colonia norteamericana y del turismo que visitaba la ciudad, se dieron cita en aquellos salones.

Esta fiesta sentó el precedente de lo que sería la temporada en el Casino Nacional, pródiga en grandes acontecimientos que brindarían continuamente tema a la crónica social.

Los que se reunieron allí, guardan los más gratos recuerdos. Las damas elegantes lucían sus *toilettes* avaloradas con joyas, y los caballeros, correctamente de *frac* y *smoking*, lo que constituyó un éxito rotundo para la nueva empresa que presidía el clubman capitán Antonio Arias y de Cárdenas, quien supo concertar toda clase de atractivos para la numerosa concurrencia. Dos veces en la noche se presentó el *show*, preparado por el maestro Lecuona, quien ejecutó al piano composiciones que le valieron prolongados aplausos; la pareja de bailes españoles María Teresa Acuña y Juan León, se vieron obligados a repetir sus actuaciones; también gustaron mucho Borja, Oscar López, el cantante de temas afrocubanos y la pareja de rumba Mariana y René; y la pareja de bailes internacionales Mr. y Mrs. Medrano, que estaban como espectadores, fueron reconocidos y a petición de la concurrencia, ofrecieron un número de baile.

Al *show* de la Nochebuena de 1946, en el Casino se incorporarían Las Cloverettes, del show girls del Clover Club de Miami, con su principal bailarín Nick Long Jr; y Sam Reznick, notable violinista, quien ofrecería sus composiciones y las reservaciones se harían por el mismo teléfono, con la diferencia de que en esta ocasión se pagarían con un tiempo de antelación en el lobby del Hotel Inglaterra, de dos a seis de la tarde, donde serían entregados los *tickes* de entrada.

Quienes decidieron cenar en sus casas, llegarían más tarde para disfrutar del ambiente creado por la orquesta, donde además de la cena, fueron repartidos toda clase de gorros, pitos, matracas que contribuyeron a aumentar la algarabía.

Entre los apellidos ilustres que conformaron el *party* estaba el del ministro de Comercio César M. Casas y compañía; el ministro de Colombia, Exelentísimo señor Fulgencio Lequerica Vélez, con la señora Nena Suárez Rivas, la señorita Beba Montero y otro invitado no identificado, todos de la más rancia burguesía cubana; el ministro de Estado, doctor Alberto Inocente Álvarez; el presidente de la cámara, Dr. Rubén de León; y el magistrado del Tribunal Supremo, doctor Santiago Rosell.

Mientras esto ocurría, CMQ era una atracción para el pueblo, con patrocinio de la Bacardí que ofrecía un regio programa bailable con tres destacados conjuntos musicales para celebrar en casa: Matamoros, la orquesta Belisario López, y en horario matutino al mismo Oscar López con la Orquesta Bacardí, bajo la dirección de Carlos Ansa.

El 30 y 31 de diciembre el Casino Nacional acogería el mismo espectáculo, ahora animándolo aún más con la interpretación de Marina, la Babalú Woman y una pareja de malabaristas. El cubierto a veinticinco pesos con rebajas en el restaurante y el bar, con música hasta las cuatro de la mañana.

El fin de año tendría diversión para todos. Aquellos años cuarenta con La Habana llena de radios que no se apagaban nunca, permitían que hasta las piedras bailaran con Arcaño y sus Maravillas, La Típica de Ordaz, la América de Ninón Mondéjar y Jorrín, la Casino de la Playa, Neno González, la Sonora Matancera, Melodías del 40, y los musicazos que eran: Chico O´farrill, Cachao y Orestes López, Armando Oréfiche, trasmitiendo o presentándose por la Mil Diez, en Radio Progreso con el cantante Nelson Navarro; por la CMQ, en Prado y Monte; en el Teatro América, en la calle Galiano; en los cabarets Sans Souci;[18] Tropicana a seis millas del centro de la ciudad; o el Montmartre, en la calle Humbolt y O, del Vedado.

Durante su *tournée* excepcional para el Casino Nacional, que duró hasta bien entrado el 1947, los acompañaron otras voces como las de las cantantes norteamericanas Joyce Ayres y Betty Reilly.

Eran tiempos en que no se distinguía el aspecto artístico del social, donde el lujo, el confort rivalizaban con cualquier casino en Europa y Estados Unidos, solo por la calidad musical que se encontraba en este espacio, donde concurría la crema y nata haba-

---

[18.] Cabaret actualmente desaparecido, situado en Arroyo Arena Km 15, anunciaba dos orquestas cada noche.

nera. Sin embargo, que las mismas agrupaciones que se presentaban en estos espacios o que triunfara en el extranjero, fuera a las populares estaciones de radio, a los teatros, o demás cabarets menos aristocráticos, hacía más cosmopolitas no solo a la ciudad, sino también a sus pobladores.

El 22 de enero estrenan, como en el año anterior, una nueva revista musical con la intervención de Sergio Orta. La premier de

Carnaval en el Trópico, en el Casino Nacional, aunque sus organizadores la probaron ante el público más exigente como era el pueblo, para asegurarse de que el éxito estaba seguro.

Carnaval en el Trópico causó revuelo en la prensa de la ciudad e incluyeron en su repertorio a las Hermanas Márquez. La agitación mediática puso la revista en la sección Se dice que, del diario *Información*; llevó, además, a que el *Magazine* del *Diario de la Marina* desplegara en las páginas centrales un fotorreportaje donde apareció casi todo el elenco, y la expectativa de un nuevo *Día y Noche*, donde serían incluidos la cancionera exótica Sandra y el animador Bob Wilkinson; o a que la sección de crónica social, escrita por Joaquín de Posada, en el periódico *El avance criollo*, del 27 de enero, le dedicara una columna donde se narraron las conquistas de los artistas reunidos bajo la dirección de Sergio Orta, y donde llama a la Orquesta Hermanos Castro, la primera de Cuba.

La extravaganza Night and Day, original de El Gordo, también sería reelaborada para la temporada de El Casino, con trajes originales, nuevos diseños, coreografía, montajes y formada por tres cuadros, que fueron titulados *Nights en Manhattan*, *Midday in a Music hall* y *Day in the West Indies*.

En su interpretación, el elenco de siempre: Margarita Lecuona, la famosa compositora de «Babalú»; Pepe Armil, Oscar López, las Casino Glamour Girls; los Tropicals Boys, y las Trinidad Dancers, con el respaldo musical de los hermanos Castro y las Anacaona.

Este último conjunto musical con una membresía exclusivamente de mujeres, fue fundado en 1931, y debutaron en el Teatro Payret como septeto de son, pero en el 32, dada la demanda de las *jazz band*, se convierten en orquesta y la integran las hermanas Castro, diez en total: Concepción Castro, directora, saxo alto y clarinete; Alicia, primer saxofón y clarinete; Emma, trombón; Ondina y Xiomara, trompetas; Caridad, piano; Ada, contrabajo; Olga, contrabajo y maracas; y Argimira, batería y percusión cubana. Las hermanas más que tomar su apellido como denominación según costumbre de la época, decidieron tomar el nombre de la heroína de los aborígenes Caribe, Anacaona.

Es a sugerencia del maestro Lecuona que ellas se incorporan a la revista de Sergio Orta y continúan una larga travesía de presentaciones junto a la *jazz band* de Manolo.

El 6 de mayo de 1947, todavía la primera banda cubana tenía quehacer en el Casino Nacional. Una foto publicada en uno de los tantos espacios dedicados a la promoción artística, anuncia el desfile de estrellas que dará inicio a la temporada de verano en el balneario de la Playa Blanquita. Aparecen junto al cuarteto de metales de la Orquesta Hermanos Castro, a casi veinte años de fundada, la Sonora Matancera con una carrera de lauros y de experimentación musical; el cantante y compositor puertoriqueño Daniel Santos, que, de paso por La Habana, ya había cantado en la Cadena Azul, en el Teatro Martí y en la CMQ; además de Tito Guiar, Jesús Alvariño, Luis Echegoyen, Mirta Silva, Tex Mex, Tito Hernández, Tiburcio Santamaría y Rosendo Rosell.

En diciembre, es la orquesta invitada para la inauguración del nuevo salón comedor Nacional, del Hotel Nacional, junto al Conjunto Niágara, con su ameno repertorio por la inclusión de dos o más trompetas, el cencerro, el contrabajo, la guitarra y el tres; la cantante internacional Lalita Salazar; y el dúo Dolores and Gram, en su «Rapsodia Persa». En próximos compromisos aparecerán anunciados junto a la cantante Mónica Boyar y a la cantora Rosita Segovia.

La Orquesta Hermanos Castro en el Hotel Nacional

Y bien está decir que en ningún espacio, incluso en el más amplio, cabría una descripción gráfica del Hotel Nacional, muy cómodo y confortable para la época. Su categoría de alcance universal, estaba dada no solo por la afluencia del público norteamericano e internacional que concebía a Cuba por sus salones, sino también por las constantes innovaciones que su gerencia se proponía; la vegetación y el fondo del mar de la bahía habanera; la piscina y las cabañas que la rodeaban; o la sustitución del bar por el restaurante La arboleda.

Con estas primeras actuaciones la orquesta comenzaba a ganarse el Hotel Nacional como plaza fija de actuación. A principios del año siguiente, 1948, comienza a ser anunciada como su orquesta exclusiva. No importaba con quién alternara, no importaba que sus actuaciones no fueran diarias, el mérito radicaba en que, aunque sus integrantes estaban ligados a la administración del centro, no perdían la independencia a la hora de tocar en la radio o en otros cabarets.

En el salón comedor coincidían con estrellas de la escena cubana como Rita Montaner, con su excepcional registro vocal; el pianista Felo Bergaza, acompañante ocasional de La Única; y el comediante Carlitos Pous, que hacía reír valiéndose de efectos musicales.

La temporada en el hotel, siempre antecedía a los acostumbrados contratos para amenizar fiestas bailables, donde brillaban por la ejecución de ritmos cubanos y extranjeros.

El grito de *candela*, como una invocación de Manolo ajustaba perfectamente al virtuosismo de Lecuona y la interpretación de la soprano Esther Borja, en más de una temporada del Hotel Nacional.

Una invocación similar a la de Manolo Castro, hacía de Dámaso Pérez Prado otra especie de brujo. Al diablo le gritaba cuando en 1946 creaba el mambo, tanto es así que se dice que sin el diablo, no hay verdaderamente ritmo. El «diablo», de Dámaso y la «candela» de Manolo, eran gritos de arrebato en dos indiscutibles grandes de la música cubana.

Manolo llevaba diecisiete años dándole «candela» a la ciudad, y la experiencia o la fama, no le alejaron de su afán de superación. No bastaba con ejecutar con profesionalidad el saxofón había que aspirar a más. Y el 10 de julio de 1946, le es otorgado a la edad de treinta y ocho años, tras un examen de grado realizado, el 10 de diciembre del año anterior, en el guanabacoense Conservatorio Gerardo D. Guanche, el título de profesor de saxofón. Esto era constancia de que poseía los conocimientos exigidos por el plan de estudios que rigiera en este plantel y, de alguna manera, comenzaría a desarrollar las posibilidades que le daban su magistralidad, quizás, no desde la Asociación como habían soñado los Castro, en 1931, pero sí de alguna otra manera, lo que sería menos frustrante. Y, aunque esto no significaba que fueran a abandonar la vida del escenario, el resto de los hermanos también se calificarían en el mismo conservatorio.

En el 1948 la orquesta conquista otra plaza exclusiva. En mayo, con una fotografía a toda portada del rostro de la actriz María de los Ángeles Santana, «El magazine ilustrado» del *Diario de La Marina*, anunciaba una fiesta de gala en el Jockey Club, allá por el hipódromo de Marianao, donde veinte años atrás solo tocaban orquestas estadounidenses. Con las actuaciones de las bailarinas norteamericanas, especialmente contratadas para la ocasión, Jane and Erle Coe, quienes ejecutarían, de sus números, los más gustados; del Clover Club de Miami, Adele Parrich, como cantante en solitario; de Carl and Arlene, una atracción de acrobacia y balance, y la conducción del maestro de ceremonia Juan Manuel Fuentevilla; la orquesta formaría parte del baile hasta la madrugada junto al Conjunto Graciano.

Como en todo club de exquisita afiliación social, los precios fijados eran de una alta cuantía, con excepción de las chaperonas que, para garantizar la reglas moralistas y la asistencia de un público femenino en edad casadera, eran invitadas por la empresa. Las mesas podían reservarse por los teléfonos BO-7086 y BO-9655, al activo *maitre* José Cabrera. Solo bastaba ser miembro de cualquiera de los clubes elegantes de la capital.

El resto del año el Jockey Club tuvo fiestas de gala y en cada anuncio permaneció la banda, solo con variaciones en los acompañantes. Unas veces era con el Conjunto Graciano, bajo el eslogan «ídolos del jockey»; o con Los Bocheros, artistas de la Metro Goldwyn Mayer, cantantes de España; Marion Inclan, anunciada como La princesa de la canción; Thelma y Williams, dos artistas de la telepatía; The Cyclones, una pareja acrobática de patinadores; los Dick y Biondi, reyes del disparate y cómicos modernos; Fina Rosado, augurada como algo nuevo en baile y balance; Emma Kramer, cancionera; y la Cuqui Carballo, intérprete de afrocubano.

Y en junio se podría disfrutar de ellos en una gran *fashion* en el hipódromo, mostrando cuarenta y ocho trajes, confeccionados por Hartley´s, desfilados por famosas artistas; o una función organizada por el periódico *El Mundo*, en el Payret, a beneficio de los damnificados por el ciclón, junto a las orquestas Ensueño y Havana Casino.

O en la tradicional celebración de la verbena *Una noche con K-listo*, con un regio programa que incluiría a La Casino de la Playa, Neno González, Belisario López, el Conjunto Matamoros, Gloria Matancera, Jóvenes del Cayo y Quinteto Gómez. En esta ocasión, la fiesta popular, estaría patrocinada por el nigth club K- Listo, y tendría como atractivos una estrella giratoria, un tren en miniatura, tiro al blanco, la seductora propuesta del cine, kioscos que vendían comidas típicas; cantinas con bebidas legítimas de las más acreditadas marcas a precios populares; tres tómbolas colmadas de regalos; el sorteo de un refrigerador General Electric, una lavadora eléctrica marca Norge, un radio Farnsworth y una lámpara de sala de la famosa cristalería Quesada; y como complemento de la propuesta, la decoración del club correría a cargo del juego de luces, lo que ofrecía un aspecto fascinante.

Por otro lado, la radio más que oferta de trabajo, nunca dejó de ser obligación, sin importar que los pagos fueran bajos, pues constituía una garantía de contacto con un público exigente en cuanto a gusto musical se refiere. No era suficiente quedarse en el *chic* de las sociedades donde más que los artistas, eran los contratados, los obreros. Se hacía preciso acercarse a los únicos espacios donde se podía ser natural, donde podían codearse con la gama de colores que adornaba el panorama musical cubano.

Radio Salas, la más antigua de las emisoras, seguía de cerca a la orquesta que había aceptado el reto primero de tocar con sus músicos semidesnudos en una cabina calurosa. En noviembre de 1949, por la CMBZ, 830 kcs, y la COBZ, 9030 kcs, a las ocho en punto, la *Fiesta del Ritmo*, se podía escuchar a los Castro y la vocalización de Cheo Valladares.

En 1949 Manolo también se enamoraría de la manera en que percutía un niño al que había que sentar sobre una gruesa guía telefónica, pues no llegaba al parche de la tumbadora. Para que Ricardo León o El Niño, como después le llamarían, pudiese integrar la orquesta, primero había que pedir permiso al padre —único responsable de que su hijo, apenas adolescente, anduviera tocando en orquestas de adultos— y luego comenzar a instruirlo en función de la decana del *jazz band*.

El Niño no tardó en acostumbrarse y aunque el primer mes no le pagaron, después del ensayo inicial, ya tenía garantizada las mudas de ropa según la ocasión. De los viajes que debía dar desde Santiago de las Vegas, al centro de La Habana, ya se encargaría el padre quien lo llevaría al fin del mundo si hubiese sido preciso.

Andrés Castro también ingresaría a la orquesta, siendo menor de edad, con apenas doce años, y aunque los trámites con él se abreviaban, se había incorporado a la agrupación familiar en 1933, y esto representaba una responsabilidad enorme, pues llevaban en el camión a un niño dormido, al que se le habían pasado, con creces todos los horarios.

Y con la brisa del mar Caribe, en el Hotel Nacional y la fiebre de las apuestas al «pura raza» favorito del Jockey Club, los aires de la Playa Blanquita en Casino Deportivo, ahora bajo una nueva dirección artística, solicitaban a la *jazz band* pionera una sección vespertina, a la que asistirían con sus guayaberas de linolan blancas, lo mismo de mangas largas que cortas, y sus zapatos de suela fina como buenos bailadores. El periódico *El País* sería el encargado de promover el ensayo de este turno bailable, alternando con Pao Domini y su nueva América, y la Sonora Matancera. El regio balneario lanzaba ganchos a sus asociados, que en medio de la crisis económica no frecuentaban con la misma asiduidad sus salones, para eso era necesaria una propuesta artística como esta, con almuerzos y comidas gratis para los afiliados. Incluso para fin de año «la escuelita» o la «candela» o los Castro seguirían siendo una buena oferta de Navidad

90

TELEVISIÓN, OLGA GUILLOT, EL SAXOFÓN

La familia. Andrés Castro

La década de los cincuenta les asistió con el don de la ubicuidad, el tino de fluir con el tiempo, la experimentación, y la fórmula de la eterna juventud bajo el brazo. Ese toque con el que no perdían frescura, aun en medio de una vorágine musical, que no volvería a repetirse en la isla, en la que en cada esquina se tocaba una sonoridad distinta: el filin, con su espontaneidad, su sentimiento; el chachachá, dando qué hacer; el eterno mambo de Pérez Prado; y la rumba y el *latin jazz* ganando terreno.

Hacía justamente veintiún años que Manolo Castro había decidido romper el mito de que los músicos cubanos no tenían la categoría suficiente para armar conjunto u orquesta. A su carrera se integrarían, a medida que la rueda de la vida lo fue permitiendo, los cuatro hermanos y cuanto músico de calidad se lograra atraer, por la perspectiva de prosperidad que daba pertenecer a una *jazz band*, por su maestría artística, o por el mito en el que se había convertido.

De los tres músicos cubanos que integraban el *staff* de la Sevilla Biltmore, por la década de los veinte, Manolo había logrado contribuir a que se multiplicasen y que dejaran de ser el conjunto de nueve integrantes que lo conformaron en la primera alineación de la orquesta. Hasta la fecha, engrosaban una lista interminable los que habían pasado por sus manos compartiendo escenario como cantantes, instrumentistas o solo para grabar algún fonograma.

Atrás había quedado aquel primer viaje a los Estados Unidos que superaría las expectativas, y en el que, con un permiso de seis meses, actuaron en *shows* en los teatros del Circuito RKO de New York; se presentaron en el corto fílmico de la Warner BROS, titulado *Havana Coktail*; grabaron una versión de «St Louis Blues», de W. C. Handy, alternando con «El Manisero», de Moisés Simons; y extendieron la excursión hasta Canadá para actuar en el Country Club de New Halifax y en el hotel del mismo nombre.

En el 52, justo el 21 de septiembre estrenan «La rutina», una guaracha rumba de la autoría absoluta de Antonio Castro. La combinación de géneros provocaría entre el público del Casino Deportivo, cierto furor y aunque no se sabe si fue compuesta en homenaje al primer danzonete, «Rompiendo la rutina», que escribiera Aniceto Díaz[19] por el año 29 y que tanto gustaría en la década de los treinta, recordaba indiscutiblemente a este maestro de la música cubana.

Manolo que no había desistido de aspirar a la eternidad, desde las sutilezas que da la creación, no solo era el motivo de envidias y comentarios malintencionados en el ambiente bohemio, sino que se había ganado, también, el estatus de consentido por todos en la familia. Además de estar sentado sobre la cama, en pijama, con el atril apoyado sobre las rodillas, haciendo arreglos o componiendo, sus obligaciones desde hacía mucho tiempo, habían quedado reducidas al placer de la música y los tragos.

Al cabo de veinte años la familia veneraba a Manolo Castro. Andrés, el más pequeño ya casado y con hijos, atravesaba la ciudad para llevarle tabacos. Mientras el director desde su trono no brindaba mucho afecto. Tanto es así que en los setenta cuando le regaló su clarinete a su sobrina Maribel Castro, lo hizo sin mucha ceremonia; y a su única hija, Silvia Castro, no le brindaba demasiados besos y abrazos.

Sin embargo, Silvia recuerda sus paseos al Hotel Nacional, mientras la banda tocaba en las secciones, o la travesía en la guagua, los azulejos esmaltados del hotel que le quedaban a la altura de los ojos por ese entonces. O cuando, la música se le convertía en una tortura porque su abuela y su madre la obligaban, impidiendo que se divirtiera, como mismo habían hecho con su padre y con sus tíos cuando eran niños. La diferencia radicaba en que en ellos si surtiría efecto la magia del piano, las partituras y el solfeo.

[19.] Compositor y flautista (1887-1964) con una amplia trayectoria como músico y maestro de varias generaciones de músicos.

La Orquesta Hermanos Castro en el Hotel Nacional

En Silvia Castro no prendió la necesidad de la creación artísti-ca, aunque la primogénita y única heredera de Manolo y Caroli-na fuese educada en el instituto Edison, tuviese como maestro de piano a Harold Gramatge,[20] y a los diez años participase en el acto de clausura del año académico (1953-1954) como concertista. A ella lo único que le gustaba era contemplar a su papá mientras dominaba a ese grupo de hombres que conformaban la orquesta.

La casa de Consulado había visto crecer a Silvia que había dis-frutado de la porcelana inglesa, de los cubiertos con baños de pla-ta para las comilonas que preparaba su padre; de las lámparas de lágrimas que adornaban el techo o del juego de sala Luis xv, jun-to al piano de cola, que desde una esquina, era el mejor acompa-ñante de cuantas manos avezadas encontraban sus teclas. Había protagonizado más de una disputa por el único radio, en el que la abuela sintonizaba a Los Chavales de España, y ella los progra-mas infantiles o cualquier evento musical de moda; y había sido testigo de más de un exceso del padre en los que quería cantar y

[20.] Compositor y maestro de música (1918-2008) Su obra permaneció en las áreas de la música clásica. Aunque se mantuvo alejado de la efervescencia alrededor del folklore y lo popular, marcó con su maestría a muchas generaciones de estos músicos.

besar más de lo normal, sin que le importara la hora de su ataque de alegría.

Pero nunca fueron muchos los encuentros que sostuvo Silvia, con Manolo en su primera infancia. La diferencia de horarios los mantenía alejados. Compartía más con sus tíos que con de su padre en estado de sobriedad.

Aunque Andrés o el Curro, como cariñosamente le decía la familia, era el más joven, ella recuerda el tiempo que le dedicaba, cuando se disfrazaba para hacerla reír. Andrés fue quien intentó rescatar una ardilla canadiense, que le habían regalado, de las garras de su gata Diana, quien solo dejó la cola; y fue quien la asoció, cuando tuvo edad para ello, al Club Bancario en las Playas del Este.

Su paciencia con los niños de la familia solo era comparable a su talento. Llegó a ser considerado como la mejor trompeta líder de su época, con un sonido lindo, seguro tanto que el barbarísimo Benny Moré le apodaría el Caballo.

Pero pocas veces pudo Andrés romper el cerco que había trazado la tiranía de Manolo con las reglas para su agrupación. Los músicos de la orquesta no podrían compartir con otra que no fuera la de los Castro.

En más de una ocasión se le negó tocar con el Bárbaro del Ritmo, que lo invitaba a sus memorables presentaciones. Solo pudo hacer grabaciones con él como primera trompeta en algunos boleros. La emancipación llegó después de casado, porque, aunque Andrés no se atrevía a enfrentar a Manolo, su mujer, Isabel María, le exigiría personalmente al cuñado un aumento de salario para su marido y más independencia.

De esos reclamos saldrían, la dirección absoluta de Andrés Castro del conjunto que amenizaba en el salón La Arboleda, del Hotel Nacional, que llevaba siempre y cuando no interfiriera su relación con la banda; y luego, en 1955, su puesto en la orquesta de Tropicana, donde acompañó a más de una figura internacional como fue Nat King Cole.

Silvia Castro cuenta como Andrés la llevaba a merendar al lado de la piscina en el Hotel Nacional, desde donde a través de los ventanales se le permitía escuchar los ensayos; o cómo, cuando ya era una joven, se sentaba junto a sus amigas en la cabina de alguna emisora de radio o de la televisión, donde actuaban los hermanos, y disfrutaba de la belleza de galanes como Enrique Almirante, por el que todas las mujeres se volvían locas.

Los recuerdos de la primogénita también le llevan a recordar cómo a veces su padre no asimilaba la cantidad de *whisky* que había tomado, y escandalizaba llorando o riendo; o como pasó en cierta ocasión en que por una caída en la calle San José, perdiera el conocimiento, y de la Cruz Roja avisaron para llevarlo en una ambulancia por las calles desiertas a la clínica La Dependiente, donde le pusieron oxígeno.

Andrés Castro

De las anécdotas que se contaban entre los músicos está una muy famosa en El Ferretero, cuando Manolo se cayó, y Antonio tuvo que disimular y correr a sustituirlo para que no se formara el caos. Lo mismo sucedió en el Teatro América, aunque cuentan que fueron casos aislados.

De los cuatro hermanos Andrés y Antonio no bebían, pero Juanito y Manolo lo hacían por el resto de la familia. Esas eran las únicas riñas que se sentían entre ellos y en las que por lo general, terminaba intercediendo Carolina, la esposa del director.

Manolo no se inhibía en asuntos de diversión ni siquiera cuando sus cabellos comenzaban a blanquear y ya habían pasado muchos años, desde aquel día en que, siendo un muchacho, salió en el carro de bomberos de Guanabacoa lanzando al aire el júbilo de su instrumento por la firma del armisticio político.

Juan Castro posa con el bus de la Orquesta, años cuarenta

Llegaron los cincuenta para los Hermanos Castro

Comenzaron la década de los cincuenta con un entusiasmo reno-
vado por sus primeras actuaciones en Radio Progreso, del que
se habían sentido marginados por falta de oportunidades. Con
este nuevo contrato firmado en 1953, encontraban lo que habían
perdido de tanto exhibirse en casinos y sociedades exclusivas. Un
contacto más directo con el público, el calor popular que tan bien
hace al artista y del que ya se sentían huérfanos participando de la
emisora de moda.

Desde el primer día en los estudios de la moderna radiodifusora,
captaron la atención con las reiteradas peticiones de los oyentes de
los temas de son montuno «Guarapo», «El agua del pon-pon», y de
otros que ya comenzaban a ganar la calle.

La entrevista del lunes 8 de diciembre de 1953, en el cotiza-
do espacio de Prensa Libre, Hit Radial, escrito por Pacopé, estuvo
dedicada por entero a resaltar la imagen de la orquesta que a penas se reincorporaba a la escena radial.

Mientras que en la sección Tele-Radiolandia de la revista
Bohemia, aparecía una foto con el encabezado «El que no se divierte...», en donde Manolo Castro y Carlos Díaz, se pusieron de
acuerdo con Los Casanova para escenificar uno de sus números
más populares: «Dale la leche al nene». El resultado de la farsa de
los cuatro artistas de la emisora fue capturado por Alburquerque,
reportero de la época.

También en el cincuenta y tres regresan a Venezuela, puerto
que ya les era habitual —estuvieron en 1937 y luego en 1946—,
y en donde seguían siendo noticia. Su pasaporte para viajar quedaría expedido el 14 de enero de 1953. El Gabinete Nacional de
Identificación de Cuba describiría a un Manolo de 175 libras y
con una cicatriz en la frente como seña particular.

El panorama no era muy distinto a lo que se imaginaron. La música cubana seguía haciendo estragos en Caracas. Para Ricardo León,
El Niño, este iba a ser su primer viaje al extranjero. Y como aún era
realmente un niño, el sindicato tuvo que hacerle una carta al *manager*
de la orquesta para que fuera su tutor y se responsabilizara por su cus-
todia. A su arribo a Venezuela, Manolo envió, cumpliendo con sus

obligaciones de esposo, una nota: que decía «llegamos bien», por Radiotelegrama, Cuba Transatlantic Radio Corporation.[21]

Los carnavales de Venezuela los esperaban para tocar junto al conjunto de Emilio Sosa. Se presentaron en sociedades públicas, lo mismo en salones abiertos que cerrados, fines de semana bailables, y entre semana tuvieron una emisión diaria por Radio Continente, más el carnaval que duró veintiocho días, en el que compartían con orquestas venezolanas que les igualaban en calidad.

De visita a Venezuela

Como en las ocasiones anteriores el señor Ernesto Zabal, dueño del Club caraqueño Tropical, que había pasado a ser Club Las Fuentes, sería el responsable de la contratación inicial, y quien a la tercera noche de actuaciones declaró que la entrada de las damas sería gratis, como atrayente propuesta para dar más movimiento a lo que ya era un acontecimiento. En esta ocasión bajo la animación de Anna Ibis Fontanils, no solo actuaría la Orquesta, sino también el conjunto Cantaclaro y la cantante Magdalena Sánchez.

[21.] Con sucursales en Santiago de Cuba, Cienfuegos, Camagüey y otras ciudades del interior de la Isla, la oficina principal quedaba situada en el edificio Gómez Mena, en la calle Obispo y Aguiar, en la Habana. Sus servicios presumían de, con su sistema RCA, brindar servicio telegráfico con todo el mundo. Actualmente es el Instituto Cubano del Libro.

A su regreso siguieron actuando por toda la isla, y cuando no podían ellos, porque los compromisos no se los permitían, era la Sonora Matancera quien los sustituía.

Desde La Habana, en *La Onda de la Alegría*, cada media hora el radioyente podía disfrutar de una agrupación distinta: a las seis de la tarde, el Conjunto Casino; a las siete, la Sonora Matancera; a las siete y media la Hermanos Castro; y a las ocho, la Orquesta Aragón.

Para 1954 la programación de *La Onda de la Alegría*, llegó a parecer una «todos estrellas». A las cinco de la tarde Benny Moré, el Bárbaro del ritmo; le seguían Mary Esquivel y Tony Lamar aportando su arte y su simpatía al mayor colorido de *La Fiesta de Irombeer*; a las seis y veintisiete, Olguita Chorens y Tony Álvarez, la pareja feliz deleitaba con sus interpretaciones en Ronda Musical «Coca Cola»; media hora más tarde, el debut del cantor mejicano Eduardo Solís y las interpretaciones de Celia Cruz, Bienvenido Granda y la Sonora Matancera, para el programa *Alegrías de Hatuey*; luego, Nelson Pinedo, considerado la voz más popular de Colombia, el trío Servando Díaz, Carlos Díaz y la Orquesta Hermanos Castro, a través de *Ritmos Cawwy*; a las siete y cincuenta y siete de la noche, los muchachos del cuarteto Llopis-Dulzaides y reaparece Manolo Castro, dirigiendo la Orquesta Tropical que acompañaba a Olguita Guillot, en las *Noches de Cristal*.

Manolo se daba el lujo de llevar dos agrupaciones a la vez sin que sus sonoridades causaran confusión, y la licencia musical se la permitiría para darle un aire de fama a la banda con la voz de Olga Guillot. Ambos nombres conjugados eran garantía de éxito por lo que Radio Progreso, con la guía del locutor Gabriel Cordech y la animación de Adalberto Fernández, se jugaba una segunda carta con un fragmento de la agrupación y Olga Guillot cantando unos bolerazos con un tanto de filin.

La santiaguera fue un riesgo, un salto arriesgado. Por primera vez van a tener una voz de mujer que los identifique. Hasta el momento todos hombres, solo habían incursionado en grabaciones con algunas mujeres como Rosita Fornés, a la que sus intereses la habían alejado del panorama musical.

Sin embargo, Olga Guillot era la voz femenina para el bolero elegante, no a lo Celia Cruz, sino al que estaban acostumbrados ellos, una voz que rozaba la elegancia y lo popular, que es donde siempre se ha movido la burguesía cubana. Los discos que grabaron en conjunto tuvieron un éxito tremendo. La mezcla no solo gustó, sino que también impactó, sobre todo con aquel bolero, «Miénteme». La Guillot es un capítulo importante de los Castro.

Esta especie de camuflaje con la Orquesta Tropical serviría también a los Castro para evadir compromisos con la disquera Puchito, con la que había firmado un contrato de exclusividad.

Sin dudas la programación que proponía Radio Progreso era realmente atractiva. Desde las seis de la tarde, en la Cadena Nacional (Pinar del Río 680. Habana 690. S. Clara 670. Cienfuegos 680. C. de Ávila 700. Camagüey 680. Holguín 670. Santiago de Cuba 680) se presentaban los cantantes, las orquestas y los conjuntos, actuando personalmente y dando la oportunidad de un reducido público en la estación. Su directiva no escatimaba esfuerzos para mantenerse entre los favoritos del dial.

Show del Mediodía, 30 de junio de 1953

Los reclamos de Manolo ante la falta de atención con que iniciaron la década de los cincuenta no fueron más que temores ante lo nuevo y la avalancha de talentos y una estrategia comercial para ser pioneros también en la introducción de la televisión en Cuba.

Justo en 1951 las oportunidades de presentarse frente al nuevo invento tocaron a la puerta de Consulado. Primero en el canal

4 en el programa de Lecuona, *Escuela de Televisión*, dirigido por Gaspar Pumarejo; y luego en el *Show del Mediodía*, que transmitía CMQ-TV, donde mismo, el 16 de agosto de 1952 debutó el cuarteto D´Aida, con los temas «Cosas del alma», de Pepe Delgado y «Mamey Colorao», de Pedro «Peruchín» Nolasco Jústiz.

La orquesta acompaña a Nelson Pinedo, el almirante del ritmo

La década de los cincuenta también fue rica en producción discográfica y eventos musicales. La orquesta grabó varios discos con Olga Guillot, con Nelson Pinedo y el Indio Araucano. Mantuvo, además, el espacio de la CMQ, en Fiesta con los Galanes, un programa solo para mujeres, desde donde acompañarían al cantante americano Napoléon Reet, a Pedrito Rico, Libertad Lamarque, Lucho Gatica. Llevarían la radio a la par de la revista musical en el Teatro Nacional.

Por esta época, pese a que practicaban lo que muchos consideraban un «apartheid» porque siempre procuraban llevar músicos blancos, tocaron para la orquesta Rubén González y Pedro Nolasco, Peruchín, Jústiz Rodríguez. Dentro de la generación de grandes pianistas a la que pertenecieron, ellos sobresalían por la perfección de su ejecución. Aunque otros también leían cualquier partitura a primera vista sin haberla visto ni oído, a ellos los diferenciaba la perfección.

De izquierda a derecha: Orlando Vallejo, Manolo Castro, ¿Carlos Toledo?, Lucho Gatica y Kino Morán

Cuarteto Llopis-Dulzaides

Peruchín, también trabajó para la orquesta en el arreglo de temas como «No la castigues», de la autoría del mismo Manolo Castro.

La alineación, aunque variaba enriqueciéndose siempre, estaba más o menos compuesta para mediados de la década de los cincuenta por los hermanos Castro, Marcelino Figarola, Carlos Toledo, Jesús Perera, Manuel Fernández, Manuel Gendlen, Ricardo León, Leonardo Romero, Joaquín Molto, Rolando Piloto, Orlando Garrucho, Rolando Aguilo, Olga Guillot, Chamaco García, Kino Morán, Orestes Macías y Carlos Díaz. Por estas líneas pasarían otros tantos músicos durante el tiempo que les quedaba como agrupación.

Con el Indio Araucano

A finales de 1955, la revista *Pentagrama* publica, una extensa entrevista, resaltando la popularidad ganada por la agrupación. El timbre y el colorido siempre habían sido factores determinantes tanto en la música como en la organización. El periodista Agustín Ribot, junto a la entrevista, comenta el movimiento de los pasillos de Radio Progreso y menciona nombres como Orlando Vallejo, Celia Cruz, Carlos Argentino, Juan Polanco, Los Casanova, y en ese ajetreo es que encuentra a Manolo y Antonio Castro.

Ya en junio de 1955 las relaciones con el panameño Arturo Hassan y la disquera Puchito, eran lo suficientemente fuertes como para que el compositor les confiara más de un título después de que Carlos Díaz grabara sus boleros «Soñar» y «Mi ser»; y que él mismo se ocupara de la imagen de la disquera en Panamá, gestionando fotografías en la casa Chacón, encargada de la propaganda en los periódicos, de una instantánea de Miguelito Valdés.

En una carta enviada a Antonio, Hassan le propone otros temas de su reciente producción, para grabarlos ya no con Puchitos, sino con Corona, la editora en la que Antonio tenía acciones. Eran trece títulos: «Tu alma», «Te falta cariño», «Esperándote», «Por tus ojos», «Mi cielo eres tú», «Flor del campo», «Ensueño», «Tu destino», «Esperanza negra», «Mi bello río mar», «Mejor así» y «Mira qué cosas».

En la misma carta envía saludos a Slater, amigo de la familia, y a Carlos Díaz para quien está componiendo una nueva canción con la esperanza de que fuera tan popular en su voz como lo había sido «Soñar».

Era una fecha de apogeo musical. El Chamaco García, que ya había fundado el Casino Juvenil, por la carretera de Boyeros, era desde hacía algunas presentaciones uno de los cantantes de la *jazz band* e iba al encuentro en Radio Progreso, no solo de la orquesta para las grabaciones, sino también de su amigo el percusionista, Helio Orovio, que compartía con el resto de la alineación como un miembro más.

Es una década de chachachá, creado por la Orquesta América, de Nipón Mondéjar, con Enrique Jorrín como director musical, orquestador, violinista y compositor. Una década de Dámaso Pérez Prado y la figura carismática de Benny Moré con su Banda Gigante; también de Celia Cruz alcanzando, junto a la Sonora Matancera, un lugar cimero; las charangas Sensación, la Orquesta Aragón y la Todos Estrellas de Félix Chapotín, con su cantante Miguelito Cuní sonando a la misma vez por las emisoras cubanas, con influencias en New York, Caracas, San Juan, Barranquilla.

Pero entre las más gratas satisfacciones de Manolo, estaría la recibida en una de tantas reuniones a las que fuera invitado, el *cocktail party* en honor al músico Tommy Dorsey, en una residencia del Vedado. Había sido una oportunidad sin par de intercambiar sobre música con el resto de la banda del norteamericano que tanto había influido a la interpretación de la canción en Cuba. El director de los Castro junto a Armando Romeu Jr., Los Chavales de España y otros maestros de la música cubana tendrían una oportunidad para confrontar, analizar, comparar y, sobre todo, disfrutar de la calidad que habían alcanzado como creadores.

Actuacion en El Ferretero, agosto, 1954

A pesar de que la radio comenzó a ocupar un espacio importante en los compromisos de la agrupación, ni el Teatro Musical de Consulado y Virtudes, ni el Casino Deportivo, ni El Ferretero, ni las demás sociedades desistieron de su musicalidad y las entradas llegaron a costar treinta pesos.

Antonio Castro hablaba claro, aunque ganar de 250 a 300 pesos en un mes era un dineral para la época, y si se economizaba se lograba tener hasta carro, como el músico del bongó. En un bailable de cuatro horas, todos los domingos de ocho a doce de la noche, en el Casino Deportivo, se ganaba ocho pesos. En un baile en la misma Habana, por ejemplo, en Marianao que era considerado parte de la ciudad, se ganaban diez pesos, hasta las tres de la mañana; en Guanabacoa o Regla, que eran parte de otra provincia, se ganaban doce pesos.

La tarifa en las provincias era más alta: en Pinar del río y Matanzas que son colindantes pagaban catorce pesos con cuarenta centavos; en Santa Clara, diecisiete; Camagüey, veinticinco; y en Oriente, cuarenta, pero si era una *tournée*, el primer día, cuarenta y el resto, veinte o veinticinco.

Actuacion en Holguin, Cuba

Era un buen negocio. Salía a un peso y tanto la hora; después, cuando pudieron, elevaron la cuantía a tres pesos. Se cobraba los lunes, venían con todas las actuaciones hechas de a pie y recibían la paga. Cuando un músico encontraba empleo en La Habana, de inmediato notaba la mejoría, tras haber trabajado en otras ciudades por ciento veinte pesos al mes, haciendo el doble de lo realmente posible. Claro, esa diferencia era notable cuando las agrupaciones eran solicitadas porque si no, sus ingresos no subían de tres pesos, tal como si se hubiesen quedado en casa tocando la diana en alguna banda municipal.

Actuación en Holguín, Cuba

A fin de año, al pago general se agregaba el descanso retribuido de los músicos, que era alrededor de nueve pesos más. Antonio Castro lo retenía hasta las navidades porque era un negociante y hacía tratos con la disquera. Lo importante era que nunca les faltó ni un centavo.

Ni siquiera el delegado, como le decían entonces, al representante de la Central de Trabajadores de Cuba (CTC), Carlos Toledo, tenía de qué quejarse. Quizás por eso, llegado 1959, fue el primero en ser sustituido por los mismos músicos. La gente decía que parecía otro hermano, tras recorrer con los Castro un buen trecho musical. Incorporado un poco antes del viaje que la orquesta hiciera a Venezuela en 1937, y aunque había quien lo pudiera superar como contrabajista, la amistad le retenía aún más.

El saxofón de Manolo Castro

La orquesta se colocaba en todos los niveles. Esa era su ventaja. Por eso cualquier descuido era imperdonable. Cuando llegaban los músicos Manolo los revisaba y si advertía algún detalle que los deslaciera, protestaba, pero si lo que encontraba era un par de medias distintas a las reglamentadas, la multa era de un peso en adelante. Si un músico llegaba con los zapatos sin brillo, tenía que ir a lustrarlos a un limpiabotas que había en la esquina de Radio Progreso.

Los Hermanos Castro no eran una academia solo por formar buenos músicos. Se salía de allí con una integridad competente al buen gusto y a la moda. Había que sentarse correctamente, si el trompetista se metía en el atril, Manolo le ordenaba que levantara la trompeta, que separara los brazos del cuerpo, no solo para que luciera mejor, sino también para que los pulmones se ensancharan. Todos eran consejos, no los daba con mucha amabilidad, pero enseñaba, con su experiencia, aspectos de estética: como pararse bonito al lado del instrumento, como sentarse correctamente, o recogerse un poco los pantalones para mostrar las medias combinadas con el traje. Nada de estar con los pies cruzados, había que parecer un equipo de músicos de verdad.

Una disciplina a la que no todos habían logrado sobrevivir. Así le sucedió a Benny Roberts, cuando siendo casi un adolescente, por allá por los treinta, decidiendo pecar de presumido, había salido en plan de conquista con uno de los trajes de la orquesta. Cuán grande sería su mala suerte, que en esa salida coincidió con Manolo, y en ese mismo momento dejó de pertenecer a la alineación, sin importar que sus cantos en inglés fueran necesarios.

En los cincuenta el rigor tenía que ser mayor, sobre todo ahora que los bailes habían subido de tono. Ya no solo les esperaban en el Casino Deportivo un grupo de bailadores que, acompasadamente se movían al ritmo de sus sones, sino que también con «el casino» como baile, la temperatura se elevaba en cuanto a movimiento de cadera se refería. No podían permitirse que los músicos se emocionaran al punto de piropear a alguna joven soltera, comprometida o casada. Excesos como ese le harían perder el puesto a más de un músico y el prestigio también, a más de una orquesta.

Pero no se detenían los anuncios en los diarios para «las casinistas», quienes esperaban con ansiedad los bailes que se extendían hasta las cuatro de la madrugada. La sola mención de los Hermanos Castro y la Sonora Matancera, o el Conjunto Casino, era una promesa de movimiento para los bailadores.

Así también lo comenta la promoción de la *Onda de la Alegría* para la hora de los *Ritmos del Cawy*. Y como si la orquesta y su habitual compañía de Carlos Díaz y Nelson Pinedo, no fueran suficiente, se presenta en esta media hora a Gloria Díaz como la voz «toda emoción». Oportunidad en la que se prorroga el contrato de los Castro con Radio Progreso por tiempo indefinido, dando muestras de que la emisora, de alguna manera, con esta *jazz band* además de satisfacer a su audiencia, celebraba con verdadero entusiasmo cada una de sus interpretaciones.

La orquesta acompaña a Nelson Pinedo, Radio Progreso

La radio había extendido sus brazos y se había arraigado fomentando la simpatía de cuantos pasaban por sus estudios. Estas relaciones establecían un beneficio recíproco entre los oyentes y los músicos. Unos disfrutaban y juzgaban con severidad, y los otros conservaban sus trabajos, siempre y cuando se correspondiera con la calidad exigida.

El mexicano, David Lamas, no sería el único extranjero al que la orquesta acompañara en los cincuenta. Era de primera línea y, sin temores, se le encargaba la orquestación de cuanto forastero pasaba por los estudios de la emisora. Tanto es así que también grabó con el Indio Araucano y a con Lucho Gatica, en cada una de los viajes que hizo a la Isla: en 1954, el chileno tenía incorporado a su repertorio «Contigo en la distancia», de César Portillo de la Luz; «Sinceridad», de Gastón Pérez; «Tú me acostumbraste», de Frank Domínguez; y «No me platiques», de Vicente Garrido, entre tantas otras canciones cubanas. Así volvería dos veces más: en 1957 y 1959.

La televisión se había sumado a la ciudad de las mil plazas musicales. Podía lo mismo escucharse música en la CMC, de la Cuba Telephone; en la CMQ o la CMD, la Voz del aire; en la Ideas Pazos, la CMZ o la CMW; o en la Sala Espadero, el Campoamor, el Auditórium, Principal de la Comedia, Prado, Nacional, Payret; o en el Lyceum Lawn Tennis Club o la Plaza de la Catedral de la Habana.

Manolo, le debía más a la radio y la prensa escrita la difusión de su imagen, pero no debía desdorar la magia de la imagen cuando él había sido uno de sus primeros favorecidos en *El show del Mediodía* o en *Fiesta con los Galanes*. Ahora, en 1957 podía mostrar su saxofón como una reliquia a Kino Morán y a Chamaco García sin que nadie lo confundiera. Alburquerque, el fotorreportero, hizo la instantánea a la reliquia que con más de veinticinco años aún rendía un eficiente servicio.

El saxofón no le había fallado nunca. Sobre todo, en provincias, cada vez que los nervios flaqueaban cuando a alguien se le ocurría jaranear con eso de que llegaron los Castro, llegó la libertad a la música, y la guardia rural aprovechaba para dar golpes por los chistes con sentido político. Así pasó, también en La Habana cuando un locutor anunció por la radio que al Sierra Night Club, habían llegado los Castro.

Los comentarios sobre Manolo variaban según la experiencia de cada cual. Para algunos era caprichoso, para otros, grosero y hasta ladrón. Pero los directores siempre se convierten en los lobos de la historia, y las habladurías de que se enriquecen a costa de los músicos, ha tocado a más de uno. Es cierto que las opiniones acerca de los hermanos no siempre fueron halagüeñas. Tenían fama de racistas y de cuanta cosa se le ocurriera a la farándula comentar, pero sus mismos músicos, esos que fluctuaban en la alineación, eran los que recomendaban y difundían a otros interesados.

Así sucedió con Israel García, cuando en el año 1956 cantaba en el cabaret La Campana, de suplente de todas las orquestas que pasaban por allí. Es Ricardo León, El Niño, quien lo llama porque estaban probando algunos cantantes y entonces, lo aceptan, aunque solo lo hizo para la banda durante cuatro meses.

CARLOS DIAZ
(El Caballero de la Canción)
Con la Gran Orq. HNOS. CASTRO
en Nuevos Discos

Puchito

178 RISA DE LLANTO (Bolero)
     RECUERDAS LA NOCHE (Bolero)
167 MI SER (Bolero)
     NO TE IMPORTE SABER (Bolero)
163 SOÑAR (Bolero)
     EN NUESTRAS VIDAS (Bolero)
160 DON TORIBIO CARAMBOLA (Guaracha)
     MARTINILLO (Mambo)
155 MUJER SIN CORAZON (Danzón Cantado)
     CHIVIRICO (Mambo)
149 QUIEN SERA (Bolero Mambo)
     EN TU BALCON (Bolero)
145 GUARAPO (Son Montuno)
     AMBICION (Danzón Cantado)

Estos Discos PUCHITO están a la Venta en
78 rpm. y 45 rpm.
DISTRIBUIDORES PARA CUBA
"GORIS SHOP"
La Meca del Disco
San Rafael 557. Teléfono U-4800

Israel García sufrió las consecuencias de alternar con otra agrupación desoyendo las advertencias del director. Sucedió que en un programa de CMQ que se llamaba *Fiesta en el Aire*, uno de los conjuntos que alternaban allí, le pidió al músico que cantara para ellos, cuando el director estaba como por el tercer golpe, el pianista que tenía problemas con la bebida, se paró y comenzó a marcar. Después de dar el espectáculo, se volvió a sentar y siguió como si nada, pero la vergüenza ya había pasado. Por suerte para Israel le había pedido permiso a Manolo Castro, quien se limitó a decirle: «te lo dije».

Durante los cuatro meses Israel García alternó con Carlos Díaz y cuando se fue de maestro de agronomía para Oriente, quien entró por él fue Orestes Macías.

CHAMACO GARCIA
Cantante Exclusivo de la Orq. Hnos. Castro
(ARTISTAS KUBANEY)

Foto: Cortesía de Lucy García, viuda de Chamaco García

Orestes Macías, el Chamaco García y Kino Morán serían un trío explosivo y único para la orquesta. Orestes Macías cuyo fuerte era el bolero popularizaría más de un tema: a dúo con Binky, y haciendo coro en «Mi mambo con Chachachá», «El sabor de tus besos», «Cariñito azucarado»; o en «Cariñito azucarado» y «Danzoneando», junto a Kino Morán; o en solitario con el bolero guapachá, «Por tu vanidad».

Así mismo el Chamaco García apareció entre los artistas de Kubaney, con su rostro aún adolescente, como cantante exclusivo de la agrupación. En esos discos grabaría el bolero de Rosendo Rosell, «Cobarde»; a dos voces, el chachachá «La conciencia», de Dora Herrera. Y al tiempo Kino Morán con «Me llorarás», de José Slater Badán y el «Merecumbé», de Francisco Galán.

Pero en la vorágine de Radio Progreso brillarían otros nombres como el de Felo Martínez, Nelson Navarro, Rosendo Rosell, y más tarde, Orlando Vallejo; Manuel «Puntillita» Licea; Carlos Prats y Gil Ramírez. No era cuestión de que entraran y salieran por incompetencias, ni que Manolo, desesperado, estuviera buscando una voz que lo sacara de alguna crisis; era simplemente un punto de confluencia, como el centro de un huracán que arrasaba por la solidez de su instrumentación, por la combinación bohemia y adiestrada, refinada con el tiempo y la experiencia de Manolo Castro que hacía que la disciplina férrea se justificara con erudición.

Gil Ramírez también se hizo popular interpretando «Cuesta Abajo», con la instrumentación de la *jazz band*, y en el *show* de las siete y media, como también le llamaban al espacio de Radio Progreso en donde los Castro eran los anfitriones; y obtendría otros tantos *hits* radiales, provocando, además de la acogida del público, las felicitaciones de Manolo y el resto de los músicos.

La orquesta actuando, 4 de diciembre de 1956

Cuando en 1958, la disquera Sonus encomienda al músico venezolano Billo Frómeta, grabar un *Larga duración* con músicos cubanos, son los hermanos Castro los que se conectan con los Billo's Caracas Boys, y graban el LP *Carnaval con Billo's*, donde sobresale el porro «Lamento náufrago», de Rafael Campo Miranda.

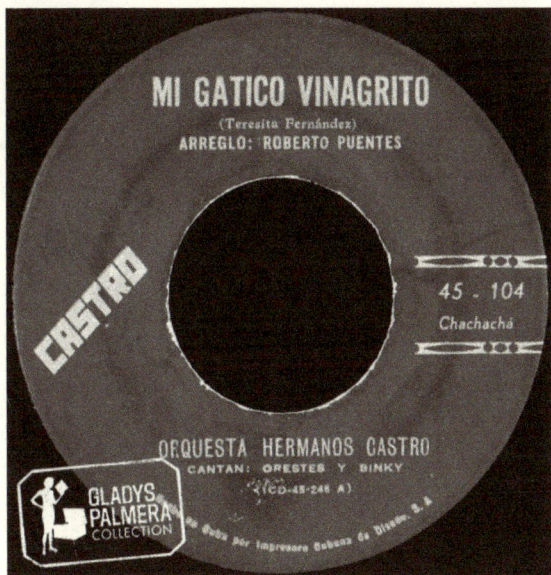

Foto: Colección Gladys Palmera. https://gladyspalmera.com/coleccion/disco/22659/

Como agenciándose un repertorio para un auditorio infantil, graban «Pa'los niños», con arreglos de Rolando Baró; y por Alta Castro Fidelidad, a ritmo de chachachá, con arreglos de Roberto Puentes y en la voz de Orestes Macías y Binky, «Mi gatico Vinagrito», de Teresita Fernández, quien había dedicado una partitura a Manolo Castro. Un tema musical que sería del disfrute lo mismo en trova que en balada de más de cinco generaciones de cubanos.

En esta última década el público disfrutaría también de las guarachas de Antonio Castro, firmadas en coautoría con Bienvenido Julián Gutiérrez, a quien le sobraba la experiencia como compositor. Solo en 1950 habían estrenado en la CMQ, el bolero

«Devuélveme la vida» y en CMBZ, Radio Salas, la canción-bolero, «Bufonada»; en el Hotel Nacional, las guarachas «Mira un ciempiés» y «Traigo un tumbao», más los boleros, «Negra Rosa» y «Señalada»; en el Casino Deportivo, «Casos y cosas del solar» y «Eso de ahí»; y en el Modelo Club, «Pepe Berinche».

La orquesta actuando en el Casino de la Playa

Otra área en la composición para la *jazz band* la ocuparían las relaciones del panameño Slater, Tololo, como lo conocían, con Manolo.

Tololo solo iba a su casa a dormir y Manolo tenía una necesidad enorme de compartir lo que ya no podía con otros. Ellos tenían una especie de hermandad, pero las discusiones, porque no se ponían de acuerdo en un arreglo musical o en la línea final de una canción, se sentían en toda la calle Consulado.

Tololo comentaba a espaldas de Manolo que su amigo no tenía ni el más mínimo sentido comercial. Y para demostrarlo decía que, para él, Manolo era como un termómetro, ya que cuando este rechazaba un texto, terminaba con un éxito entre las manos; pero si le parecía perfecto, eso significaba que debía reescribirlo. Por lo general, los resultados terminaban volcados sobre las presentaciones de la misma orquesta, que de alguna manera ya no le pertenecía del todo a Manolo, sino también a la música cubana.

La primera mitad del siglo cerraba de un modo violento. La guerra de guerrillas en la Sierra Maestra, se estaba extendiendo al resto de las ciudades y el trabajo, escaseaba. Fue preciso consumir los ahorros de años y pedir una beca a la Edison para que los niños terminaran la escuela.

El 1ro. de diciembre de 1958 Benitico Llanes dejó de ser alumno de Andrés Castro para tocar oficialmente con la orquesta. Manolo andaba buscando «un» trompeta que inspirara porque el que tenían, Garrucho, había enfrentado problemas con la justicia. No hubo necesidad de pruebas. En otras ocasiones y por motivos diversos, Andrés había llamado a su alumno para que asumiera un puesto junto a él.

Con Antonio, las relaciones eran más estrechas aún. Benitico era quien le armaba los grupos para que, en la compañía de discos Corona, donde tenía acciones, junto a Raúl Aguilar y a Eduardo García Perdomo, pudiera hacer grabaciones poco costosas. Así que a todos les era familiar, junto a Andrés, que era el primer trompeta, y a Rolando Llero, la presencia de Benito Llanes, en sustitución de Orlando Garrucho.

Antes, el nuevo trompetista había fundado el Conjunto Rumbavana, con el que aún mantenía compromisos para el 25 y el 31 de diciembre, y para, entonces, el 1ro. enero de 1959, comenzar por completo con los Castro.

La primera *big band* del país cumpliría ese, treinta años de fundada. Todas las navidades había qué hacer, pero para estas, especialmente, se les pidió que cooperaran, el paro debía ser realmente general para que el cambio llegara. La *jazz band*, como tantas otras, hizo caso omiso a la propaganda revolucionaria.

La más duradera de las llamadas orquestas familiares de Cuba, que había tocado para el presidente de la República de Cuba, Fulgencio Batista, y que ahora, ni cuenta se daba de los aires radicales que se acercaban, sin saberlo, estaría firmando su definitiva sentencia de muerte.

De 1929 a 1959 habían transcurrido treinta años de creación e interpretación ininterrumpidas, sosteniendo, como si la vida fuera una eterna *tournée*, lo que su director consideraba realmente valioso, la música cubana. Treinta años frente al espejo de lo nuevo y lo incierto como todo porvenir.

De derecha a izquierda: René Cabel, Carlos Díaz, Andrés Castro, Ray Mat, Pancho, El Niño, trompeta reina, Carlos Toledo (bajo), José Luis (saxofón), Antonio Castro y Manuel Castro

EL CAMBIO LLEGÓ (1960-1961)

Benitico Llanes tocó para la *jazz band* hasta 1961 en que se desintegra para formar la orquesta de Radio Progreso. Él recuerda que la única vez que se sintió incómodo fue durante un viaje a Santiago de Cuba, mientras ellos tocaban en el reparto Vista Alegre, una conga pasó por la calle frente al club ofendiéndolos. La impotencia los paralizó porque ellos eran catorce músicos y si protestaban, era seguro que alguien saldría herido.

En los dos años de convivencia con la orquesta, aprendió a apreciar lo que se le había enseñado, aun cuando Manolo tenía la costumbre de ponerle apodos a la gente y un día lo intentó con él. El *nombrete* cabezón le sonó en los oídos como una patada y prefirió hablar directamente con Antonio que era más comedido. La advertencia fue clara. Si volvía a suceder no respondería de sus actos, y la trompeta terminaría de sombrero, en la cabeza del director.

El incidente no tuvo mayores consecuencias y terminarían como buenos amigos, aunque Manolo se murió convencido que había sido Benitico quien, en septiembre de 1961, le había desarmado la orquesta. Sus motivos, estaban bien definidos, el sindicato y esa manía de defender a los músicos hasta las últimas consecuencias nunca le parecieron del todo claras.

En más de una ocasión, bajo la representación del trompetista, los músicos habían protestado por los pagos. Hacían sus propias cuentas a partir de los gastos que aparecían en los murales de las sociedades de los campos, los círculos familiares de la salud, de los teatros o los centros de recreación, y ahí mismo se armaba el caos. Siempre las respuestas eran las mismas: les hablaron claro desde el principio, si no te gusta lo que te pagan, vete.

Las noticias que se daban en el extranjero sobre Cuba, eran poco alentadoras. Eso provocaba el desespero de muchos a los que las transformaciones les habían cogido fuera de las fronteras cubanas, y por una razón u otra no habían podido regresar. Así Lecuona, el amigo de siempre y a quien el médico le había prohibido viajar, mandaba misivas desesperadas a los Castro para saber, con certeza, de la suerte que estaban corriendo. La orquesta estaba a punto de cambiar el nombre, y a Manolo se le estaba cuestionando su competencia, por eso en una postal que envía vía aérea, fechada el 25 de julio de 1960, desde Barcelona, expresa el desespero que siente ante el silencio de Manolo y sus hermanos.

En 1960 la realidad se volvió más compleja. Era la etapa de las intervenciones y el interventor de Radio Progreso era un tal Marcos Behamaras, al que le interesaba más la política que la música y tenía sus preferencias por Severino Ramos, quien acompañaba, entonces, a La Muñequita que canta, Blanca Rosa Gil.

Quizás haya pesado más la experiencia, pero después de muchos análisis queda Manolo Castro como director de la nueva orquesta Radio Progreso grabando los discos de Orlando Contreras, y Severino es recomendado como director musical de la emisora. De los hermanos el único que quedó a su lado fue Antonio, porque Andrés y Juan encontraron otros caminos.

La Orquesta Hermanos Castro había llegado hasta allí, justo cuando cambió su nombre por la de Radio Progreso. No fue solo porque después Antonio Castro emigró, sino también porque había muerto una época. En ese mismo período, junto a la Radio Progreso, se crearon las de Radio Rebelde que dirigía Generoso Jiménez, la de Radio Liberación y con el espectáculo *Ritmos de Cuba*, y aunque aun estaba en formación, se creó una orquesta para el Instituto Cubano de Radio y Televisión (ICRT). Todavía actuaban la Casino de la Playa, la Orquesta de Benny Moré, la Gloria Matancera.

Nunca se explicó abiertamente por qué la de los Hermanos Castro era una de las destinadas a desaparecer. El sindicato lo dominaba todo, y estaba la cuestión política. El pecado de los Castro era que no se habían pronunciado antes de 1959, y después del 1ro. de enero cualquier gesto, por imperceptible que pareciera, podía tomarse como una manifestación contraria al proceso que se gestaba.

En la Radio Progreso se quedaron junto a Manolo, Antonio con su trombón, hasta que decidió emigrar; Carlos Toledo, el exdelegado y contrabajista; Ricardo León Dueñas, El Niño; Leonardo Romero y Benitico Llanes; y se integraron, Ovidio Gómez, Santiago Simsons, Tomás Martínez y Oramas Zayas.

Aunque no renunciarían nunca a la música, no había batalla que emprender para hacer que las cosas volvieran a ser como antes, para que la orquesta volviera a funcionar. Quizás este cambio de lenguaje social y económico había llegado con Manolo confiado, desprevenido, sin el instinto para darse cuenta que hasta la nota superficial de la coincidencia de nombres jugaba para con los planes que se venían cociendo a niveles más elevados. Como mismo el infierno está empedrado de buenas intenciones, así mismo la isla pasaría de ser un paraíso sonoro a un infierno de dobleces y envidias.

A partir de ese momento las circunstancias tomarían otro cariz. Las intervenciones revolucionarias no lo abarcarían todo hasta 1963, pero comenzarían por los hechos culturales que más recordaran el pasado y la Hermanos Castro, reunía los requisitos.

El único a quien el cambio no sorprendería cansado fue Andrés, quien seguiría tocando, por un tiempo, para la orquesta de Tropicana; luego, en la orquesta del canal 4 en Masón y San Miguel, hasta que se conforma la del ICRT; integra la orquesta del Parisién, y funda en 1967 junto a otros, la Orquesta de Música Moderna, de donde se desprenderá junto a Chucho Valdés, Irakere.

Andrés, el más joven, el más apuesto de todos los Castro, de unos ojos extraordinariamente azules, con una mezcla de bondad, carácter fuerte y a la vez dicharachero, había demostrado ser muy trabajador, por lo que prácticamente ni dormía tocando en cuanto lugar se le presentara, ya fuese por la mañana grabando en la Egrem,[22] ya en los estudios que estaban en Prado y Trocadero, para de alguna manera ayudar a la familia de Consulado que comenzaba a tener problemas económicos. No importaba que Rosario hubiese muerto en 1963, lo que realmente pasaba era que se sentía en deuda con el hermano mayor que tanto había hecho por la familia, y si no era con dinero porque Manolo no lo aceptaba siempre, compraba alguna comida.

[22.] Empresa discográfica años después del triunfo de la Revolución.

Por eso, en el ochenta, a su regreso de la gira que duró seis meses por los países socialistas (República Democrática Alemana, Polonia, Bulgaria y la Unión Soviética), fue el primero en visitar a Manolo para contarle de la nieve y de sus éxitos.

Sus ajetreos también lo llevaban a la televisión, a sus ensayos o a los programas en los que trabajaba, y en la noche actuaba en Tropicana hasta las cuatro de la mañana, ya en compañía de su hijo Andresito.

Después de que el hijo renunciara a la Banda del Estado Mayor de las Fuerzas Armadas Revolucionarias, al terminar el Servicio Militar, se une a su padre en la Orquesta de Música Moderna; comenzarían los dos a disfrutar de un éxito compartido, sin importar quién fuera el que ejecutara el instrumento.

A *Recuerdo y retorno*, CD producido por Demetrio Muñiz, pero interpretado en su totalidad por Andrés Castro Jr., le antecedieron aproximadamente mil doscientas grabaciones en cualquier género musical, y para los estudios cinematográficos del Instituto Cinematográfico grabó 630 horas de instrumentación para documentales, películas y animados junto a la Orquesta Sinfónica Nacional, dirigida por el maestro Manuel Duchesne Cuzán.

Durante ocho años había participado, acompañando el *show*, con la orquesta de Benny Moré en el cabaret Copa Room del Hotel Riviera, bajo la conducción del maestro Héctor Márquez; en 1980 había viajado a Bogotá, Colombia, exhibiendo el show de Tropicana dirigido por Tony Taño, con la experiencia que había adquirido durante su participación en el Conjunto Caney, bajo la batuta de Benitico Llanes.

Y después, antes de ir a reunirse con Antonio Castro y con su amigo Arturo Sandoval, en los Estados Unidos, trabaja con Pachito Alonso y con Habana Son. Cuando llega a los Estados Unidos en 1996, enseguida encuentra trabajo en la orquesta Continental Brass. Más tarde la muerte lo alcanzaría, pero lejos de su instrumento.

En el noventa y seis hacía solo unos años que Andrés Castro, padre había intentado retirarse de la música, pero aun cuando sus hermanos ya no estaban, se incorpora al Conjunto Moya Son, hasta que muere, el 15 de marzo de 1995 como un héroe romántico.

La familia cuenta que en plena crisis económica de los noventa comenzaron a escasear, además de la comida, las medicinas, por lo que las tabletas para el corazón que debían tomar él e Isabel María, su esposa, solo alcanzaban para uno de los dos. Por esa razón, en secreto, las guardaba para ella, hasta que un día ocurrió lo inevitable.

La tragedia de Antonio, quizás sería otra, la nostalgia, la melancolía de estar lejos de Cuba. Había decidido irse justo en el 1961. Su sentido comercial le decía que no habría posibilidad alguna de crecer económicamente, que lo único que le esperaba como músico de la vieja guardia, era la miseria. Y no se equivocaba porque, aunque sus hermanos no llegaron al extremo, los músicos cubanos atravesarían un período de parametración, sindicalización y burocratismo que los obligaría a dejar de crear o a alejarse de la patria querida.

Antonio Castro, Sans Souci, Florida

Juan Castro correría una suerte parecida a la de Andrés, bajo la dirección de Tony Taño pasaría a la Orquesta de Música Moderna con la que recorrería el mundo socialista: Alemania, Checoslovaquia, la Unión Soviética. Aunque no siempre le fuera fácil ser aprobados por el aparato de censura que se había instalado alrededor de los músicos, por los prejuicios que gobernaban ni por los funcionarios encargados de permitir o gestar cualquier movimiento fuera y dentro del país. Tampoco cooperaban mucho su pelo blanco en canas, largo hasta los hombros ni sus chancletas plásticas como si la corriente *friki* también lo hubiese atrapado a él o como si lo único que realmente le interesara fueran su piano y la música.

Helio Orovio recuerda que cuando comenzó a interesarse en la investigación musical y entró a trabajar en el ICRT, como asesor de los programas de ese género, su relación con Juanito se hizo más estrecha. Y cuenta que en cierta ocasión, se necesitaba que acompañara al piano a un sonero extranjero, y el director le había dado una partitura con unos arreglos muy secos, muy académicos, parecía más que un son, una sinfonía, no se «sentía» bien. Entonces, él fue al piano y le dijo al pianista de los Castro: «bota la partitura, olvídate del papel y toca un tumbao de arriba abajo». Y Juanito tocó el número completo de oído a base de tumbao. Y así fue toda la presentación. Iba cambiando, y con eso el tono del número le iba variando también.

124   Juanito ya no frecuentaba tanto Consulado, pero cuando iba era para contarle al hermano mayor de sus andanzas por el mundo o para sentarse al piano y tocar, mientras Carolina, Manolo y Silvia, se limitaban a disfrutar. Sus visitas siempre eran como aire fresco para la casa que ya comenzaba tomar otro aspecto.

Manolo ahora tenía más tiempo para componer. No tenía que pensar demasiado en el movimiento de su orquesta. Como el nombre asignado lo indicaba, sus presentaciones estaban restringidas a la emisora, ahora con un salario fijo. Eran escasas las ocasiones en que salían a orquestar fuera. El único aliciente que quedaba era el estudio de grabación, y que —pese a todo—, los músicos bajo su dirección y la de Severino Ramos, conservaban cierto modo de ejecutar a la vieja escuela, con calidad y elegancia.

Quizás el destino pudo haberle deparado otra vida fuera de Cuba, lleno de nostalgias, pero con un semblante menos mísero. La decisión de irse para los Estados Unidos junto a Antonio, fue tomada en familia, y definitivamente pesó más que Silvia Castro dijera que no, o que el resto de los hermanos también se quedaran.

Años más tarde, su heredera confesaría que su mayor temor fue ver que el padre muriera, mientras trabajaba sancionado en el campo, por querer abandonar Cuba. Ella sabía que un hombre acostumbrado al mundo bohemio, a los hoteles y casinos, a la guaracha y el baile, no sobreviviría aquella prueba. Ese hecho le infundiría temores que la llevarían hasta a cambiar los muebles Luis XV, por otros con un toque más popular, cosa de que ella y su familia no fuesen tomados por burgueses. Se estaba dejando arrastrar por los tiempos que se pintaban libertarios, mientras una mano de hierro y moralista cerraba cabarets, clubes, casinos, sociedades.

Esas mismas serían las razones que —bajo el pretexto de que nunca le había gustado— le harían abandonar por completo la música y convertirse en economista, porque era lo que se necesitaba para construir un mundo mejor e insonoro.

Carolina, Jorgito y Manuel Castro

Manolo, siguió con la Radio Progreso hasta que las fuerzas se lo permitieron. Aún le quedaban el placer de ver la televisión desde su comadrita e intentar instruir a alguno de sus nietos en la música. El 4 de octubre de 1985, día de San Francisco, después de habéserle practicado una traqueotomía, murió en un hospital de La Habana.

Se fue el que con su orquesta asumió la interpretación de temas, algunos inéditos y otros con fama probada. Se fue el que había impulsado con su disciplina a autores noveles o consagrados.

Así cuentan entre los más de ochenta firmas: Ernesto y Margarita Lecuona, Isolina Carrillo, Eliseo Grenet, Moisés Simons,

Chelo Velázquez, Genaro Lambida, Jesús Guerra, Herniquillo Cerón, L Rubenstein, Bienvenido Julián Gutiérrez, Julio Blanco, Rafael Castro Sánchez, Ángel Castro, Rafael Enrizo, Walfrido Guevara Navarro, Senén Suárez, Hilario Ariza Batista, Marcos Perdomo, Gregorio Corzo Lizaso, Nestor Milí, Félix Cárdenas, Bárbaro Salvador O´Farril, Juana Sanabria, José Claro Fumero, Gaspar Arias, José Slater Badán, Servando Mosquera Cabaleiro, Arturo Hassan, Amable Martínez, Julián Ortiz, Tata Nacho, Maurice Ivain, R. Vatio, F. Giordano, Arsenio Rodríguez, René Touzet, Blanco Leonard, Dámaso Pérez Prado, Parmenio Salazar, Jorge Zamora, Ricardo D. Pérez, Adolfo Guzmán, Baz Tabranes, Pablo de los Andes, Mario Clavel, Osvaldo Farrés, Richard Egües, Pablo Beltrán Ruiz, Federico Baena, María Grever, Carmelo Larrea, Florencio C. Martínez, Chamaco Domínguez, Antonio Pereyra, J.B. Tarraza, Facundo Rivero, Bobby Collazo, Dora Herrera, R. Arrondo, Francisco Galán, Víctor Marín, Avelino Muñoz, Memo Salamanca, Electo Rosell, Ramón Paz, Silvio Contreras, Eduardo Davidson, Pedro Mendoza, Tony Tejera, José Antonio Méndez, Francisco Fellove, Miguel Matamoros, Ñico Saquito, Enrique Pérez, Capitán Chinaco, Teresita Fernández, J. Urfé, Enrique Bonne, Julio Brito, Frank Domínguez. Más los que trabajaron orquestaciones: Niño Rivera, Rolando Baró, Osvaldo Estivill, Severino Ramos, Juan Santamaría, Peruchín, Enriqueta Almanza, Chepín, Bebo Valdés, M. Lazaga, Carlos Campos.

A su velorio acudieron la familia y unos pocos amigos. El trompetista Arturo Sandoval y el presentador de *La Onda de la Alegría*, Rosillo, fueron de los asistentes. Veinte días más tarde el *Diario Las Américas*, publicaría con la firma de Rosendo Rosell, en la sección Mundo de Estrellas, una nota de defunción. Pudo haber un sinfín de razones para que la asistencia al sepelio del director fuera más triste de lo habitual, pero en La Habana nadie se enteró porque ellos habían dejado de ser noticia, porque nuevos intereses acaparaban los titulares, porque la vida les habría de cobrar con soledad treinta años de brillantez y gloria.

OPINIONES Y ANÁLISIS IMPRESCINDIBLES

Entrevista a Radamés Giro

«Es sintomático que un disco publicado *The Music of Cuba. 1909. Columbia*. 2000) en los Estados Unidos para reunir a las mejores *jazz bands* de la década de los cincuenta, decida incorporar solamente a la Orquesta Hermanos Castro. Ahí están todas las grandes orquestas del siglo XX cubano.

A mi juicio esta es la orquesta más sólida de esta etapa, lo que compite con la fama que alcanzó la Casino de la Playa, por una razón muy sencilla, la Casino de la Playa tenía como cantante a un personaje que se llama Miguelito Valdés y los cantantes determinan a veces el éxito de las agrupaciones. Por ahí pasó Anselmo Sacasas y después Dámaso Pérez Prado, que eran muy famosos en los Estados Unidos, lo que claro que va a determinar, lo cual no quiere decir que sea la mejor, porque la fama es algo indefinible que muchas veces obedece a factores que casi nunca tienen que ver con la calidad del producto.

La Orquesta Hermanos Castro, a mi juicio era la mejor, por una sencilla razón, era muy estable, con orquestaciones con un rango mantenido durante casi treinta años, porque aunque ya no existía como banda, su sonoridad solo desapareció con la muerte de sus integrantes. Lo que no sucedió con la Casino ni con la Riverside, que también eran muy famosas. Pero, ¿qué sucedía con esta última?, su fama también la debían a su cantante, Tito Gómez. Y te lo comento porque la fama a veces determina sobre que una orquesta grabe más que la otra, porque las disqueras van a jugar a lo que vende.

En una entrevista con el director del Conjunto Casablanca, me contaba que todas las agrupaciones que trabajaban para el litoral llevaban los nombres de los casinos precisamente porque trabajaban para ellos, entonces, hay que analizar también el fenómeno popularidad con el contexto, calidad aparte. Para mí, la Castro tenía una sonoridad, como digo yo, «macho», como también lo era la Riverside.

Y esa clasificación mía es por resultados sonoros, no por los lugares donde acostumbraban a tocar. Porque entonces, la Riverside dónde tocaba, Tito Gómez era un cantante que había que acompañarlo de verdad, que tenía que tener como acompañamiento a una señora orquesta.

Como también tocaba para las sociedades de blancos el Conjunto Casino, porque además eran las que podían pagar, y tanto es así que esas orquestas no tenían negros, y cuando llegó a tener a Patato, lo ponían detrás, donde ponían a los negros que tocaban tumbadoras. En Estados Unidos, en New York es donde se pone de moda que las congas se pusieran delante, fueran negros o blancos.

Y se comienza a incluir la percusión porque la gente ya estaba demandando eso. Ya estaba sucediendo en los Estados Unidos. Allá por los años treinta está Mario Bauzá, está Candito Camero, que es uno de los grandes percusionistas y del cual se habla muy poco porque como se fueron desde esa época ya nadie se acuerda de ellos. La percusión se convierte en una demanda de las propias casas discográficas porque las estaban imponiendo allá. Eso no se impuso aquí, lamentablemente.

La Hermanos Castro es una orquesta macho por el resultado sonoro. Hay que oírla, no es solo un problema de apreciación, ni porque tocaba con los blanquitos. La Casino de la Playa sí era una orquesta suavecita, pero la suerte de la Hermanos Castro era que también tocaban para la radio y la radio no sonaba nada más para los blancos, los que la escuchaban eran la gente de bajo consumo, eran los que no tenían acceso ni a tocadiscos ni a nada de eso; los que trabajaban en la construcción, en una cervecería, o sea, el propio pueblo, que era el que compraba un radio en diez plazos porque le costaba veinticinco treinta pesos.

La orquesta se impuso ahí, no así la Casino de la Playa que tenía su *rating* asegurado en aquellos lugares de lujo. Como ganaban tan buen dinero podían disponer de tan buenos músicos. Y cuando se va Anselmo Sacasas, pueden contratar a Pérez Prado.

Por eso hay que analizarla globalmente, uno no puede parcelar los análisis.

Hay una entrevista que le hacen a Generoso Jiménez con relación a Pérez Prado, en la que cuenta que, por allá por el cuarenta y seis, Pérez Prado va a New York, buscando ambiente para lo que estaba haciendo del mambo, o sea, buscando horizontes, orientándose y habla con Generoso Jiménez para que lo sustituya como pianista, a lo que Generoso responde:

—Pero yo no soy pianista. Y Pérez Prado le insiste: «pero tú tocas el piano, yo te he visto».

—Sí, pero yo no soy pianista como tú.

A lo que Pérez Prado le responde:

—Mira Generoso, en la Casino de la Playa en el piano es mamá y papá.

¿Qué te está diciendo? No hay gran complejidad rítmica.

Y se da el golpe de estado en la Hermanos Castro, porque indiscutiblemente ellos estaban buscando esta otra sonoridad, porque la realidad era que los Castro eran tremendos músicos. No es asintomático que Anselmo Sacasas que era el arreglista, el que realmente estaba buscando una nueva sonoridad, se vaya de la Casino de la Playa, como también lo hace Miguelito Valdés que andaba buscando cosas más fuertes. Eso también te va dando un norte de las características de la época, te da también la idea de porqué la Hermanos Castro coge un liderazgo en las *jazz bands,* porque no lo dudes que eran líderes en competencia con la Riverside que también tenía muchísima popularidad.

¿Y por qué están compitiendo? Porque logró un nivel de orquestación, un nivel musical, tan alto que llegó a imponerse —y esto sí es difícil en los sectores más populares y en las clases más poderosas. Llegó a imponerse en los dos y eso lo logró por la radio. Después eso lo hizo la Riverside por Tito Gómez, esa guapería de él, impulsó un poco a que la orquesta se impusiera, pero fíjate que aquí, en este disco, en donde todas son orquestas macho, no están ni la Riverside, ni la Casino de la Playa.

Tampoco creo que la Hermanos Castro haya estado buscando una voz. Su problema era que como acompañante tenía un altísimo nivel. Para mí en esa época hay dos orquestas que como acompañantes son inigualables: la Hermanos Castro y la de Ernesto Duarte que acompañaron a montones de gente.

Con estas orquestas pasa lo mismo que con la Sonora Matancera, que casi todos los cantantes querían grabar con ellos, porque había una seguridad sonora, había un sonido que les garantizaba lo que ellos querían, y el cantante lógicamente subía.

No estaban buscando voces porque no creo que se hayan impuesto nunca por un liderazgo vocal, se imponen por la calidad de la orquesta en su conjunto. No es el caso de la Riverside o de otras orquestas que eran buenas pero su gran fama se da porque tenían cantantes de punta.

Hay que recordar que Arcaño, se da cuenta de que cuando los cantantes de fama se la van, decaían como orquesta. Por eso decidió eliminar los cantantes e imponerse por sí misma. Ese no es el caso de la Hermanos Castro, ni es el caso de Ernesto Duarte, ni es el caso de la Sonora Matancera que eran agrupaciones acompañantes. De hecho, no recuerdo un cantante que fuera líder en la Castro.

Muchos lo que hacen es grabar con la orquesta, aprovechan ese potencial y las compañías disqueras vinculadas a ella: Rolando La serie, el Benny, grabaron con los Castro.

Un tercer tema importante cuando se habla de esta *jazz band* era la experimentación, vamos a llamarle así, la mezcla. Pasaba que en esa época como en todas, los géneros que estaban de moda, los componían y mezclaban, y cuando los analizas no es ni una cosa ni la otra, y te lo puedo demostrar fácil.

La mezcla, que es como me gusta llamarlo —más que fusión— ha existido siempre. Por ejemplo, cuando se puso de moda el mambo, era bolero mambo; cuando el chachachá, era bolero chá; cuando anteriormente estaban de moda el son y el pregón, era pregón son. Entonces, se van encontrando ejemplos de cómo la gente va mezclando y efectivamente había algunos elementos, pero no tanto: yo tengo veinte y pico de grabaciones de «El Manisero», y lo vas a escuchar en forma de *jazz*, en forma de son-rumba, en forma de mambo, como lo hace Pérez Prado.

Mis estudios parten del sonido, no importa lo que digan los libros que solo son importantes como fuente de información, pero hasta ahí. Uno tiene que tratar de ir marcando el soporte instrumental de cada orquesta para ir diferenciándolo.

Otra orquesta importante era la Lecuona Cuban Boys, que fue famosa en todo el mundo, y que solo venían a Cuba de vacaciones. Esa orquesta hizo toda su vida entre Europa, e incluso, los países árabes, y muchas de las obras de Armando Oréfiche que era su director y pianista de siempre lo reflejan. Esta además era una orquesta *show*, su objetivo era ese, tocaba con guarachera, era la cosa impactante del escenario, además de que tenía calidad y un cantante como Socarrás en la plantilla. Era muy popular en Europa, al extremo de que cuando se desintegra, Oréfiche puede mantenerse, hasta que murió, tocando el piano en Asturias.

Otro grande es el Benny. Y la gran diferencia radica en que ya la Banda Gigante, aunque es una *jazz band* tiene otra concepción, más pegado a utilizar los elementos del *jazz* e incorporarlos, más allá de la orquestación a la que se acostumbraba. Y es una orquesta que suena gordo, fuerte.

Resumen. Esto lo que te demuestra es que la historia de la música cubana está por escribirse.

Entrevista a Helio Orovio

Ahora qué pasa, a partir del sesenta, sesenta y uno hay un éxodo muy grande de músicos cubanos que se van al exterior y se va una orquesta completa como la orquesta Duarte, una orquesta completa como los Fajardo, un conjunto completo como La Sonora Matancera, Luis Santí y cantidad de compositores, músicos, intérpretes, y empieza a ver un cambio económico, social en el país, entonces, la música de salón, esa música fina, esa música bien hecha, esa música perfecta tiende a desaparecer y no solo son los Hermanos Castro los que dejan de mencionarse, de considerarse, los que dejan de estudiarse, los que dejan de pasarse por los medio, sino lo mismo pasó con todas.

¿Quién habló a partir de la década de los sesenta de la orquesta Cosmopolita que era excelente, con un magnífico cantante como Francisco «El Indio» Cruz, y de la orquesta de Ernesto Duarte, o de la orquesta de los Hermanos Palau; quién habló, quién habla de esas orquestas?

Al haber un cambio económico en el país, se produce un cambio en la mentalidad, en la conformación social, se va la mayoría del público de clase media, pequeña burguesía, blancos, que era el público de los Hermanos Castro, muchos emigraron: un millón de seguidores, de público.

Entonces, ese lugar en los medios, en la sociedad, en la radio, en la televisión, en las revistas, en los periódicos, fue llenado por personas que venían de otras provincias, de Oriente sobre todo. Y los que llegaban no eran fanáticos de los Castro que era una orquesta muy habanera, muy de salón, de una cierta clase burguesa que era la que iba a esos lugares.

Esos no eran los gustos que se estaban imponiendo con el éxodo de las provincias orientales. Así quedaron olvidados, ignorados, como también pasó con todas las demás orquestas y con el Conjunto Casino, con el Conjunto Colonial de Nelo Sosa, que era excelente; con el Conjunto de Luis Santí, con los Jóvenes del Cayo.

La revolución fue un fenómeno económico social muy importante. Entonces, entró Pacho Alonso con Los Bocucos, con un ritmo oriental: pacu tucu pacu tucu... Entraron los carnavales tipo oriental, con trocha, con quioscos en las calles, con la gente bebiendo ron y cerveza en las calles; entró el Mozambique con Pello el Afrokán, que parecían leones rugiendo. Eso tenía que ver con el cambio social.

Pienso que hay que revalorizar el aporte de los Hermanos Castro a la música cubana, ahí están los discos, el repertorio, su música perfecta, todo, todos los boleros y los Chachachá son joyas, hay que revalorizar esa orquesta como una de las grandes *Big Band* que tuvo Cuba.

Lo que ha ocurrido con la música cubana en los últimos cuarenta y cinco años ha mediado en una valoración justa de la Orquesta Hermanos Castro, como de otras. Vinieron otras músicas como el mozambique, el pilón y el Grupo de Experimentación; Chucho Valdés con su grupo, después vino Juan Pablo Torres con el nuevo son e Irakere; es decir hubo como un afán de renovar la música cubana: a la trova se le dio preeminencia, y luego se estimuló mucho el son antiguo, el son oriental, Matamoros, los septetos, los grupos nuevos como Moncada que lo que revalorizaron fue la música folclórica.

Tal parecía que era una música que nos llevaba a una Cuba tradicional pero que huía un poco de los años cincuenta que fueron proscritos porque eran símbolo de la etapa burguesa. Creo que se hizo un análisis mecánico de todo eso y se asociaba a orquestas blancas para los blancos, sociedades de la clase burguesa y aristocrática, disqueras, «habanerismos», «capitalirismo».

Después pasó a primer plano la música más marginal, incluso, a veces, hasta mal hecha, sobre todo en los diez o quince años, donde hay cantantes que en vez de cantar gritan: *¡con las manos arriba!, ¡vamos a ver, vamos a hacer un corito!, ¿dónde está la gente de Marianao?*

Además de los sonidos fuertes, estridentes, violentos, agresivos, y entonces, las orquestas de timba a buscar la agresividad, los metales del terror —exagerando el terror—, el tumbador de las seis tumbas, el bongosero de la campana tocada así que parece que esta tocando un gon de pelea de boxeo, los cantantes gritando... es la música que parece que refleja esta Cuba violenta, agresiva; entonces, frente a eso, el sonido de los Hermanos Castro parecería casi pastoril, además de bello y armónico.

Para los oídos contemporáneos eso suena así como hembra, le dicen hembra a esa música, como si la música tuviera sexo, Entonces, resulta que a lo mejor el grupo tal es macho, no importa que el cantante desafine, que la cuerda de trompetas esté desajustada, que el pianista meta el dedito a veces donde no va, eso no importa, porque lo que importa parece que es la fuerza, el sonido macho.

Así resulta que orquestas como la Duarte, los Palau, la de Julio Cuevas, la Cosmopolita, los Castro suenan como una especie de música de Cámara, ¿no? Creo que de alguna manera merecen una revalorización. Ahí están las grabaciones, que no me permitirán mentir.

Entrevista a Benitico Llánez

Te digo. Me siento orgulloso de haber pertenecido a esa orquesta, la verdad; pero estando yo allí el más prieto que entró fue Orestes Macías. Ellos tenían ese problema, tocaban mucho, dominaban los clubes, los cabarets, el Centro Gallego, el Centro Asturiano, el Casino Deportivo de la Habana, pero era donde no admitían a los negros, y lo que se decía era que ocasionaban problemas.

El Conjunto Casa Blanca con el que toqué antes de la orquesta, se presentaba en el Club Náutico de Marianao, del que, para ser socio, había que hacer un depósito de mil pesos, entonces, alternando con la Orquesta Riverside, se dio uno de esos espectáculos: allí mismo botaron a tres, a uno de ellos porque se puso a mirar a una mujer que salió del mar y el hombre no se dio cuenta que el marido venía detrás. A lo mejor, si llega a ser un blanco el que se mete con ella no pasa nada, pero fue un negro, era así, era así desgraciadamente.

En aquel tiempo, la Riverside tenía cinco saxofonistas y trompetistas, y que recuerde ninguno era negro. El más oscuro era el bongosero, porque el tumbador era rubio y con los ojos verdes, el trombonista, blanco, todo el mundo era blanco, y así pasaba en el conjunto Casa Blanca, donde trabajaba yo. Las pocas agrupaciones de negros que trabajaban en aquellos lugares eran de viejos, como el Conjunto de Graciano Gómez, como intentando que no hubiera tanto problema.

Aun así había que contar con los *niches*. Los que mejor se vestían eran los negros cubanos, que entraban a un baile con un peso para la entrada y nada más a bailar. Para tocarles a ellos había que ser bueno, y por eso tenían sus orquestas. La Hermanos Castro nunca tocó en un barrio negro, de entrada, ellos no bailaban con *jazz band*. Lo que más resistían era el Conjunto Casino. Pero para ellos era el Conjunto Chapotín, Arcaño y sus Maravillas, Melodías del Cuarenta, la Sublime. Y aunque los Castro eran una escuela y todos querían pasar por ellos, no importa si por la cantidad de trabajo o por como se les escucha, pero querían de alguna manera tener un contacto, no satisfacían las expectativas del público negro.

Olga Guillot / La Orquesta de los Hermanos Castro

En el año de 1954, Olga Guillot había traído de regreso de una de sus giras artísticas por tierras mexicanas, como parte de su equipaje, una hermosa canción del compositor mexicano, nacido en la bella ciudad de San Cristóbal de las Casas Chiapas, Armando Domínguez, mejor conocido como, Chamaco Domínguez.

Aquella canción se llamaba «Miénteme». La montó Olga para cantarla en sus presentaciones en vivo en Cuba. La canción resultó un gran suceso para el público que abarrotaba el cabaret de lujo habanero, donde hacia su temporada en aquella ocasión Olga Guillot, El Montmartre de La Habana. Una noche acudió a ver el *show* de Olguita Guillot, Jesús Gorís, dueño de una compañía discográfica dedicada a grabar música infantil, Puchito Records. Al notar, la particular euforia que despertaba en el público, Olguita Guillot, cuando interpretaba «Miénteme» en su espectáculo, muy sorprendido Gorís, pidió pasar a hablar con ella después del *show* y entonces le propuso grabarla para su sello. Olga le dijo: «al término de esta temporada, tengo una gira por Argentina, cuando yo regrese, volveremos a hablar de esto, señor Gorís».

Regresó Olga de la gira por Argentina y debutó de nuevo en escenarios de La Habana. Jesús Gorís, insistía en que ella grabara aquella canción para su sello. Le ofreció grabar el tema con la Orquesta de los Hermanos Castro, una prestigiosa agrupación de músicos, dirigidos por Manolo Castro, considerados entonces, el *standard* de calidad musical orquestal en Cuba.

La cantante por fin accedió ante la insistencia de aquel productor de música infantil y finalmente grabó «Miénteme» para Puchito Records, que debutaba, como compañía discográfica de música romántica, con esta grabación. Fue el éxito que Jesús Gorís presintió, y mucho más.

La hermosa canción del compositor mexicano, Chamaco Domínguez, en la voz de Olguita Guillot, vendió el primer millón de discos, que jamás se había vendido en la Isla. Debido a este éxito inesperado en ventas, la bella canción, abrió las puertas, del mercado discográfico de Cuba, a sus extraordinarias cantantes femeninas, ya que este había sido uno, hasta entonces, en el que, la mayoría de las grabaciones se efectuaban con cantantes estelares masculinos, agrupaciones y orquestas conformadas por el mismo género.

Olga Guillot, obtuvo el primer disco de oro de su carrera y el primero también otorgado, por altas ventas discográficas en Cuba. La popularidad de los Hermanos Castro, quienes ejecutaron las notas orquestadas de aquel «Miénteme» con gran maestría, subió como la espuma, permeando, la isla entera.

Gran canción, gran intérprete, gran orquesta, gran visionario, Jesús Gorís.

Toda esta coincidencia, abrió entonces, para las compañías disqueras de Cuba, nuevos horizontes.[23]

OLGA MARÍA TOUZET-GUILLOT

[23.] Olga María Touzet Guillot. Hija de Olga Guillot y René Touzet. Aportado al editor para este libro, según testimonios en el libro biográfico de Olga Guillot (inédito).

Entrevista a Chamaco García (1938 - 2016)

Empecé profesionalmente a los quinces años, dos años después transcurrió mi proceso por varias orquestas y conjuntos. Yo aparentaba tener menos edad, como de trece o catorce. Todos me recomendaban: «usa al chamaquito, llama al chamaquito».

Yo le decía a todo el mundo, me llamo Pepe. Un día me dice William Bastilda, saxofonista de la orquesta Caribbean Swing: «Chico, ese Pepe no es nada artístico, por qué no te dejas como nombre profesional lo de Chamaco, aquí todos te llamamos cariñosamente El chamaquito». Yo le dije, ahhh bueno. De ahí salió lo de Chamaco García.

(...) Estando con la orquesta Hermanos Castro, si mal no recuerdo, en el 1956 tuve mis clases de canto con el maestro José Ojeda, él vivía al lado de Radio Progreso que era donde teníamos un programa diario de lunes a sábado que se llamaba *El show de la siete y media*, estábamos la Orquesta Hermanos Castro, un artista invitado y la Aragón. Recuerdo que había como un anfiteatro que cabían como trecientas personas, en su mayoría eran jovencitas, algunas frecuentemente nos esperaban a la salida. Un día tuve que correr detrás de una joven que me arrebató la corbata, cuando la alcancé le pedí el pasador de mí corbata. Me dijo: «tanto correr por un pasador», yo le respondí «es un regalo de mi mamá». Aún lo conservo, era un pingüinito y le tengo gran cariño.

Las clases con el maestro Ojeda, fue una forma de quedarme más tiempo después de cada programa y evitar a quienes me esperaban afuera.

(...) Viví en México diez años y es por eso que en algunos eventos me presentaban como mexicano, y yo les decía: Espérate un momento, yo soy de Santiago de las Vegas, cubano».[24]

[24.] Chamaco García. Entrevista por Eloy Cepero, Miami, octubre, 29 2009. Disponible en youtube, Canal Grandes Leyendas Musicales.

Entrevista a Marcelino Figarola[25]

Marcelino Figarola me recibe en su apartamento en Hialeah, Miami. A sus ochenta y dos años, vive rodeado de fotos y recuerdos de cuando formó parte de agrupaciones musicales como Los Astros junto a Raúl Gómez; la orquesta de Candita Vázquez; Los Dorados; con Moralito Jr., y también con la Orquesta de los Hermanos Castro.

Editor —*¿Cómo llegas a la Orquesta Hermanos Castro?*

Marcelino —Manolo Gendlen, el polaquito, amigo y músico de la orquesta, va a verme a Guanabacoa porque estaban buscando un saxofonista. Habían despedido a un músico, le dieron quince días de pago para que se fuera.

E —*Manuel Gendle era del pueblo de Regla?*

M —Sí, él y dos músicos más de los Hermanos Castro eran reglanos. Viene y me dice que me había recomendado para sustituir al saxofonista. Yo le dije: No, no, yo no soy profesional (Yo tenía dieciocho años), no estoy capacitado para eso. Él respondió que yo sabía tocar, que habíamos tocado juntos, que confiaba en mí. Yo no me decidía, pero me dijo: «Para triunfar tu tienes que subir una escalera, con esta oportunidad de ahora, vas a subir de un solo salto y si ahora no lo quieres hacer, bueno».
Mira, me has convencido. Al otro día fuimos a Radio Progreso.

E —*¿Quién te recibió?*

M —Manolo Castro, me hicieron pruebas y me dijeron: Toca algo, yo toqué «El paso doble en el mundo», me pusieron un paso doble que debía trabajar mucho en el saxo con el dedo meñique, muy difícil. Yo había estado practicando, pero al intentarlo varias veces, le dije: Mira, no puedo, yo me retiro porque es muy difícil para mí. Pero Manolo Castro me dijo —no, no, sí nosotros que

---

[25.] Marcelino Figarola. Entrevista por Armando Nuviola. Miami, 21 de septiembre 2020.

somos profesionales, nos cuesta, tu hiciste más que yo. Me siguieron probando con otras canciones del repertorio de la orquesta. Entonces me dice Manolo, habla con Antonio, que te quedas.

Me explicaron que al otro saxofonista lo sacaron porque fue con otra vestimenta a una sección de fotos. A mi me dejaron claro que mis primeros quince días no iba a cobrar, me dieron traje y así empecé con la orquesta por cinco años hasta su desintegración. Viaje toda Cuba con ellos, Morón, Matanzas, Camagüey, Holguín, estuvimos en preparativos de viaje a Venezuela, pero nunca se dio.

Yo entré en la época del programa *De fiesta con los galanes* y *El Show de la 7 y media*.

Manolo era muy exigente con el porte de los músicos, hasta los zapatos debían estar brillando, el cuello de la camisa debía estar bien arreglado y limpio. Siempre andábamos de etiqueta, muy elegantes. El cumplimiento con el horario era fundamental, debíamos estar una hora antes de empezar cualquier evento.

141

Marcelino Figarola, Radio Progreso, sección de fotos con La Orquesta Hemanos Castro: «Aquí, Manolo Castro le dijo al fótografo: Tirale al muchacho solo». Foto: Cortesía de Marcelino Figarola

142

De izquierda a derecha, Manuel Gendlen, Marcelino Figarola, Kino Morán, Humberto Suárez, Orlando Garrucho y Jesús Perera. Diciembre, 17 de 1957 Estudio 2 de Radio Progreso. Foto: Cortesía de Marcelino Figarola

Opinión de la investigadora Rosa Marquetti[26]

Definitivamente, estamos refiriéndonos a una de las Big Bands cubanas más importantes, La Orquesta Hermanos Castro, el Trio Matamoros y la soprano Carolina Segrera son los tres artistas cubanos que, entre 1928 y 1931 aparecieron en filmes o cortos musicales sonoros, de los que pasaban en los cines entre películas. El sexteto Habanero aparece en 1929 en una película de ficción.

También hay que destacar que La orquesta Hermanos Castros están entre los pioneros en grabar con el primer sello discográfico cubano Pan-Art (así se llamó al inicio) comenzó su catálogo con la referencia 1001. Las siguientes referencias fueron:

1002 - Orlando Planas y Orquesta Hermanos Castro.
Lo traigo a kilo (por la otra cara era el mismo Orlando Planas, pero con la orquesta de Julio Cueva)

1003 - Orlando Planas y Orquesta Hermanos Castro
Luna de Varadero / Oye como dice.
https://gladyspalmera.com/coleccion/disco/43867/

1004 - Orlando Planas y Orquesta Hermanos Castro
Perdóname esta vez / Tú no haces ná
https://gladyspalmera.com/coleccion/disco/43870/

---

26. Rosa Marquetti. Enviado al editor por email, 27 de septiembre 2020.

ANEXOS

ICONOGRAFÍA

Manolo Castro

Juan Castro

André Castro, último de la derecha, con trompeta

Antonio Castro, primero de la izquierda

Juan Castro

Manuel Castro, tercero (derecha a izquierda)

Luis Suao (bateria), Anselmo Sacas (piano) , Manuel Castro (segundo con saxo, de izquiera a derecha)

La Orquesta Hermanos Castro, años treinta

Antonio Castro (centro). Liceo de Las Villas, 20 de junio de 1942

La Orquesta Hermanos Castro. Recibimiento a los famosos artistas Dick Powell y Joan Blonde. Al frente al saxo, Manolo Castro y Miguelito Valdes con tumbadora y cantando

La Orquesta Hermanos Castro con Kino Morán

La Orquesta Hermanos Castro: Manolo Castro (dirección, Saxofón); Rolando Aguiló (trompeta); Andrés Castro (trompeta); Jorge Reina (trompeta); Maximiliano (saxofón); José Luis (2) (saxofón); Manolo Fernández, Triana (saxofón barítono); Antonio Castro (trombón); Juanito Castro (piano); Luis Toledo (contrabajo); Juan Ampudia (timbales); Pancho, El Rumberito (conga); Ricardo León Dueñas, El Niño (bongó) y Carlos Díaz (voz)

De izquierda a derecha: Orlando Vallejo, José Ernesto Chapuseaux, Manolo Castro, Silvia De Grasse y Francisco Alberto Simó Damirón

La Orquesta Hermanos Castro actuando en la CMQ

Carlos Díaz, Manolo Castro, Luis Toledo (Contrabajo)

Manolo Castro en el Bar Toledo, calle Amistad y Águila

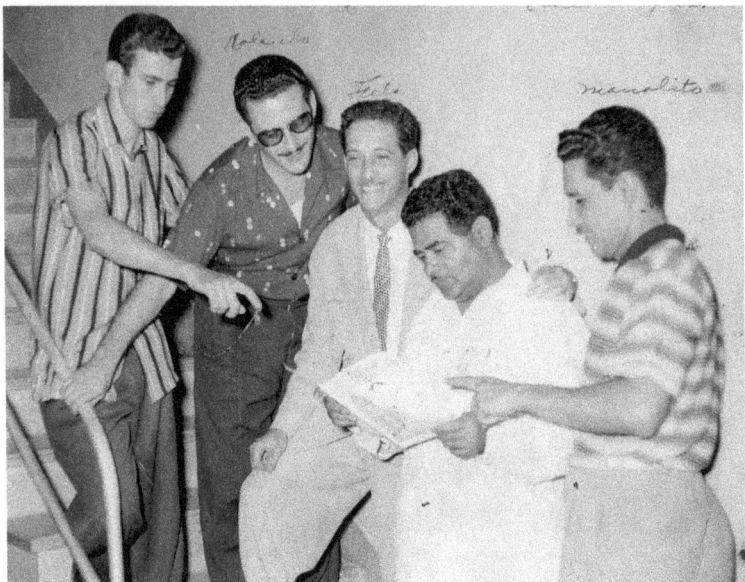

De izquierda a derecha: Andrés Castro, Juan Castro, Manolo Castro, Luis Toledo, Felo Martínez y Antonio Castro

Los cuatro hermanos: Antonio, Manolo, Juanito y Andrés

Manolo Castro con bus de la orquesta

Margarita Robles

Dedicatoria a la Orquesta Hermanos Castro

Manolo Castro con bus de la orquesta

Tarjeta de Manuel Castro, Unión Sindical de Musicos de Cuba, 1950

DE CONTADOR PUBLICO A CANTANT[E]

Le Dicen el Chamaco García, Tiene 18 años, actúa en el "Sierra"

ESTOY frente a un muchacho que no tiene todavía los dieciocho años de edad. Es el cantante de la orquesta del cabaret Sierra y el punto básico de la asistencia al lugar de todas las muchachas amantes del arte, del teatro y de las buenas figuras. El muchacho, en verdad, observa una figura joven para entusiasmar esa parte femenina que siempre pulula por los corrillos del teatro.

—No me dejan quieto—dice el Chamaco García. —Aquí mismo, en el "Sierra", tengo que abrirme paso, con sonrisas unas veces, para que no se pongan bravas, a fin de que me dejen llegar al escenario. ... ...

—¿Qué tiempo llevas en estas andadas del teatro?

—Dos años. Estudio para contador público en Santiago de las Vegas, pero me gusta mucho el arte. Tan es así, que pienso seguir estudiando canto, y hacerme de un nombre.

—¿Y el nombre tuyo...?

—José Antonio García Mederos, pero me dicen "El Chamaco García" y me voy a dejar ese nombre...

—¿Piensas seguir en este cabaret?

Chamaco García, cantante de la Orquesta Hermanos Castro. Foto: Cortesía de Lucy García

Lucho Gatica y Chamaco García. Foto: Cortesía de Lucy García

Chamaco García, Olga Guillot y Meme Solís. Foto: Cortesía de Lucy García

Chamaco García y Olga Guillot. Foto: Cortesía de Lucy García

Dedicatoria de Rosita Fornés a Chamaco Garcia. Foto: Cortesía de Lucy García

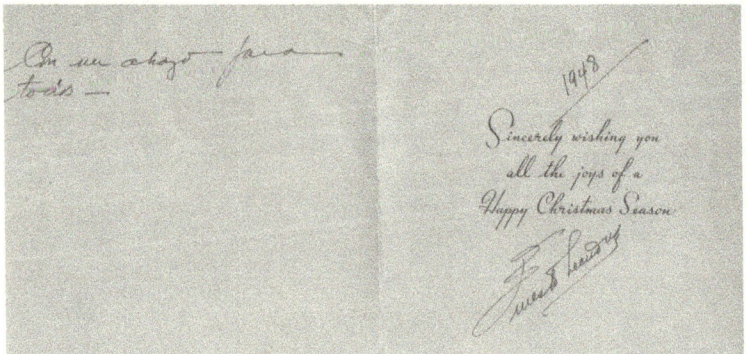

LOS MEJORES ARTISTAS GRABAN PARA DISCOS "PUCHITO"

- OLGA GUILLOT
- MIGUELITO VALDES
- ORQUESTA SENSACION
- ROSITA FORNES
- ABELARDO BARROSO
- CARLOS DIAZ
- ORQUESTA HERMANOS CASTRO
- RENE CABEL
- MARIA LUISA CHORENS
- MERCY CANTILLO
- AVELINA LANDIN Y RITA MARIA RIVERO
- CHAPPOTTIN Y SUS ESTRELLAS
- REY DIAZ CALVET Y SU ORQUESTA
- MIGUELITO CUNI
- ORQUESTA MELODIAS DEL 40
- ARCAÑO Y SUS MARAVILLAS
- RENE ALVAREZ Y SU CONJUNTO
- GINA MARTIN
- JUAN M. TORREGROSA
- NELO SOSA Y SU CONJUNTO
- CATANEO
- RENE MARQUEZ Y SU ORQUESTA
- OBDULIO MORALES Y SU ORQUESTA
- CELINA Y REUTILIO
- PACO MICHEL
- SALVADOR LEVY
- SENEN SUAREZ Y SU CONJUNTO
- DUO ESPIRITUANO
- RENE DEL MAR
- JUAN POLANCO

y muchos otros. . .

EL ULTIMO HIT
POR SU ARTISTA PREDILECTO
SIEMPRE ESTA GRABADO
EN "DISCOS PUCHITO"

MÚSICOS, CANTANTES, AGRUPACIONES[27]

AfroCubans: Agrupación fundada en la década de los cuarenta por Machito y Mario Bauzá. Su desarrollo fue esencial en la creación y difusión del *afrocubans jazz*. Con ella grabaron legendarios jazzistas como Charlie Parker, Dizzy Gillespie, Dexter Gordon, entre otros.

Almanza, Enriqueta: (1934-1996) pianista. Su carrera artística abarca desde la experiencia como repertorista en la RHC Cadena Azul, pianista de clases y ensayos para los bailarines, el la Sociedad Pro-Arte Musical, y en las *jazz band* Típica de Rialto, Riverside y la Chachachá.

Anacaona, Orquesta: Fundada en La Habana de 1931, su fama ha trascendido a varias generaciones de músicos. La primera alineación estuvo integrada por: Concepción Castro, directora, saxo alto y clarinete; Alicia, primer saxofón y clarinete; Emma, trombón; Ondina y Xiomara, trompetas; Caridad, piano; Ada, contrabajo; Olga, contrabajo y maracas; Argimira, batería y percusión cubana

Antillano, Trío: En ninguno de los diccionarios de música aparece una referencia que indique su trayectoria, lo que sugiere que fuera creado exclusivamente para la película *Ahora seremos felices.*

Aragón, Orquesta: Fundada en 1939, en la ciudad de Cienfuegos por Orestes Aragón Cantero. Posteriormente, ha sido dirigida por los músicos Rafael Lay Apesteguía (1948), Richard Egües (1982) y Rafael Lay Bravo (1984).

[27.] Las referencias que aparecen a continuación no abarcan a todos los músicos, agrupaciones o personalidades que estuvieron, de una manera u otra, relacionados con la orquesta. Es una selección subordinada a la relevancia en la vida artística y a la información recogida en diccionarios o bibliografía especializada.

Arcaño y sus Maravillas: Fundada en 1935, transitó por los nombres Maravillas del Siglo, La Maravilla de Arcaño, hasta llegar durante los primeros años de la década de los cuarenta a Arcaño y sus maravillas. La incorporación de fragmentos de sinfónicos y *jazz* hicieron que sus interpretaciones del danzón estuvieran enriquecidas. Su último baile fue en 1958.

Aristola, Jesús, Chucho: Durante la década de los treinta integró del Trío Yoyo, haciendo coro y ejecutando la marímbula.

Azpiazu, Don; Justo Ángel Azpiazu: (1893-1943) dirigió la Orquesta Habana Casino desde su fundación. Luego de un viaje a los Estados Unidos, la orquesta asume la denominación por la que es conocida, la Orquesta de Don Azpiazu. Se retira de la vida artística en 1940.

Baró, Rolando: (1932) pianista y orquestador. Trabajó como pianista en varias orquestas del cuarenta. Sus influencias como orquestador llegaron hasta la Orquesta Cubana de Música Moderna.

Bauzá, Mario: (1911-1993). Aunque su paso por las orquestas a las que perteneció fue motivo de calidad artística, su creación mayor fue la fundación de la AfroCubans y la incorporación de los ritmos afrocubanos al *Jazz*.

Bergaza, Felo; Rafael Bergaza Zerquera: (1917-1969) fue pianista de la orquesta Yemayá. Trabajó como pianista acompañante del tenor René Cabell. Su consagración comienza con las presentaciones en el Auditórium y en los acompañamientos musicales de Rita Montaner.

Betancourt, José Ramón; José Ramón Betancourt Kaningan: (1894-1975) Trabajó bajo la dirección de Eliseo Grenet y de Moisés Simons. Fundó su propia orquesta con la que amenizó los bailables del Hotel Bristol. Su notoriedad se debe a la organización de bandas de concierto de reconocidos institutos de música cubana.

Bianchi, Armando; Armando Figueroa Bontempol: (1922-1988) Su debut se produjo como actor y cantante en el Teatro Campoamor. Su labor artística estuvo siempre ligada a la radio y la televisión.

Blanco, Julio; Julio Blanco Leonard: (1909-1982) Se inicia como bailarín de la compañía Habanarte-Criollo y como cantante en 1931. Dedicó buena parte de su vida a la actuación y al trabajo en la Sociedad de Autores Musicales.

Bonne, Enrique: (1926) Independientemente de su extensa carrera artística, su vinculación con la Orquesta Hermanos Castro está dada por la composición y grabación del chachachá «Italian Boy».

Borja Lima, Esther: (1913-2013) Su carrera como soprano comenzó junto al maestro Ernesto Lecuona en el Auditórium. Ha protagonizado zarzuelas, operetas y ha amenizado numerosas presentaciones en espacios con un público menos entendido.

Brito, Alfredo: (1896-1954) Compositor y flautista. Realizó los arreglos para la orquesta de Don Azpiazu de «El Manisero», popularizado en 1930. Fundó y dirigió las orquestas Siboney y Tropicana.

Brito, Julio: (1908-1968) Compositor y director de orquesta. Sus temas más populares son «Ilusión China», «El amor de mi bohío» y el *opennig* «Tropicana».

Cabell, René; José de Jesús Cabezas Rodríguez: (1914-1998) Mantuvo una doble vertiente musical entre el *bel canto* y la música popular. Durante muchos años fue cantante exclusivo de la RCA Victor.

Cárdenas, Félix: (1912- ¿?) Tresero, guitarrista y compositor. Dirigió el conjunto Lira Matancera y la Estudiantina Matancera.

Carrillo, Isolina: (1907-1996) Compositora y pianista. Se le recuerda por su obra «Dos gardenias» que se mantuvo dos años en la preferencia del público. Cantaba en español e inglés, y tocaba guitarra, tres, bongó, órgano y trompeta. Como cantante interpretó boleros, tangos, guarachas. Su trabajo mereció el reconocimiento de Ernesto Lecuona.

Casanovas, Los: El trío Los Casanova constituían un verdadero espectáculo en los cuarenta y cincuenta ya en la radio o en las *tournée* que realizaba.

Casino de la Playa: Desmembramiento en 1937 de la Orquesta Hermanos Castro. Dirigida por Guillermo Portela, tuvo como cantante y administrador a Miguelito Valdés; y como pianista y arreglista a Anselmo Sacasas.

Chapotín, Félix: (1907-1983) Trompetista y compositor. En 1940, junto con Chano Pozo forma el Conjunto Azul. En 1949 asume la dirección del conjunto de Arsenio Rodríguez, al que cambia el nombre por Félix Chapotín y sus estrellas, famoso por su interpretación del son, el guaguancó y el afro.

Coalla, Hortensia: (1907-2000) Sus estudios de canto y piano le permitieron estrenar obras de Lecuona, o hacer dúo con Rita Montaner en la interpretación de *Madame Butterfly*.

Collazo, Bobby: (1916-1989) Compositor y pianista. Su obra se extiende entre la radio, los teatros y el cine. Acompañó y dirigió a notables figuras internacionales de la canción. Su fama le hizo alcanzar renombre internacional.

Conjunto Casino: Fundado en 1937 con formato de septeto. Se distinguió por los arreglos que hacía para ella El Niño Rivera, con indiscutible influencia de la música norteamericana, pero no por eso menos cubana.

Contreras, Silvio: (1911-1973) En 1937 fundó la Orquesta Hermanos Contreras, hasta 1940, que decidió desintegrarla y trabajar como pianista en otras orquestas.

Cruz, Celia: (1925-2003) Comenzó su carrera artística actuando en La Corte Suprema del Arte y aún en la década de los noventa seguía siendo galardonada. Tras el honoris causa de la Universidad de Miami y Yale. Con el disco Azúcar negra ganó el Grammy en 1990, otro con el *Ritmo en el corazón*, y en el 2001, con *Por siempre viviré*.

Cueva, Julio: (1897-1975) Compositor y trompetista. Desde su ingreso en la orquesta de Don Azpiazu en 1930, no dejó de tener éxito como trompetista. Su vida aciaga lo llevó a recorrer Europa con su música, a participar en la guerra civil española y a no renunciar a la música hasta 1953, tras disolver su agrupación Julio Cueva y su orquesta.

Cuní, Miguelito; Miguel Arcágel Conill: (1914-1984) Su timbre único de sonero lo llevaron a compartir escenarios con Arsenio Rodríguez, Félix Chapotín y Benny Moré quien lo invitó a realizar una gira con su orquesta por Caracas y otros países.

Dago, Emilita: (1934) Inició su carrera como cantante en 1951 y fue declarada *vedette* del año 1953, junto a Rosita Fornés por su conducción del programa *Desfile Musical* del canal 6. Su carrera se hizo extensiva al cine.

Davidson, Eduardo; Claudio Cuza: (1925-1994) Cuando llegó a la Habana trabajó como escritor de radio. Se dio a conocer como compositor con «La Pachanga» y «El útimo bembé».

Delgado, Pepe; José Delgado Pérez: (1917-1990) Se integró a los conjuntos Niágara, Jóvenes del Cayo, Casino y Colonial. Su trabajo como compositor ha alcanzado un notable reconocimiento.

Díaz, Aniceto: (1887-1964) Compositor y flautista. El primer danzonete que compuso fue «Rompiendo la rutina» con el que alcanzó la inmortalidad indiscutible. Después vendrían otros lauros.

Díaz, Carlos: (1930-2002) Cantante. Después de varios años con la Orquesta Hermanos Castro, reorganiza, en Venezuela, la Casino de la Playa con la que graba el primer repertorio que grabara Miguelito Valdés en el 37.

Díaz, Margarita: (1917-2007) Soprano. Su tono le permitió interpretar un amplísimo repertorio del maestro Ernesto Lecuona. Durante una gira que duró veinte años compartió escenarios con lo que más ha valido y brillado en el mundo de la canción.

Domínguez, Frank: (1927-2014) Compositor y pianista. Aunque ya se había presentado en su ciudad natal, su carrera comenzó en el programa *Buscando estrellas* de CMQ. Lo caracterizan su estilo personal de tocar el piano con un gran poder de comunicación.

Echevarria, Andrés, El Niño Rivera; Andrés Perfecto Eleuterio Confesor Hechavarría Callava: (1919-1996) Tresero y compositor. Sus orquestaciones hicieron historia en más de una agrupación.

Egües, Richard; Eduardo Egües Martínez: (1923-2006) Flautista y compositor. Su labor como flautista más sostenida la realizó en la Orquesta Aragón, en la que ingresó desde su fundación. Sus composiciones han trascendido a los límites de la legendaria agrupación.

Enrizo, Rafael, Nené: (1897-1981) Guitarrista. Con un estilo totalmente distinto a los trovadores de Santiago de Cuba, formó parte del trío Los Bohemios, y acompañante de más de una cantante de la época.

Ensueño: Orquesta de mujeres fundada en la Habana de 1930, bajo la dirección de Guillermina Foyo Faccioso. Se mantuvo activa hasta 1953.

Farrés, Osvaldo: (1902-1985) Se comenzó a dedicar a la música en 1937 tras componer su primera guaracha, «Mis cinco hijos». Sus obras han sido versionadas para hollywood y cantadas por figuras como Nat King Cole, quien hizo una versión muy particular de «Quizás, quizás, quizás».

Fellove, Francisco: (1932) Trompetista. Pasó por el conjunto de Arsenio Rodríguez, la Orquesta de Benny Moré y la Havana Cubans Boys de Oréfiche.

Fernández, Teresita: (1930-2013) Compositora y guitarrista. Sus presentaciones, a partir de 1959, han recorrido todos los escenarios habaneros, pero lo que la hace más famosa son sus composiciones para el público infantil. Entre ellos está «El Gatico Vinagrito» y «Lo feo».

Fernández, Wilfredo: (1924-2005) Cantante, se inició en la emisora CMQ, desde la que cantó con el acompañamiento de varias agrupaciones de la época.

Fornés, Rosita; Rosalía Palet Bonavia: (1923-2020) Debuta en 1941 en la opereta *El asombro de Damasco*. Su histrionismo rebasó los límites de la música para instalarse en cuanto modo de expresarse sobre la escena, en la radio o detrás de las cámaras, exista. Por su multifacética experiencia, es conocida como la Gran Vedette de Cuba.

Frontera Fraga, Regino: (1908-1991) Pianista y Compositor. Fundó y dirigió la orquesta Melodías del 40, hasta su retiro de la vida artística en 1957.

García Orellana, Rosario: (1905-1997) Soprano. Formó parte de la compañía que Lecuona dirigía para el teatro Principal de la Comedia, lo que le permitió estrenar más de una obra del maestro. También trabajó bajo la dirección de Amadeo Roldán.

García, Miguelito: Solo aparece recogido que integró junto a Pablo Quevedo, Nené Enrizo y Vitaliano Matas el Cuarteto Hatuey.

Garrido, Vicente: (1924-2003) Compositor y pianista. Méxicano de nacimiento, sus composiciones han sido grabadas por Bola de Nieve, Elena Burke, con Garrido acompañándola al piano, y otros intérpretes cubanos y latinoamericanos.

Gática, Lucho; Luis Enrique Gatica Silva: (1928-2018) Visitó la Habana por primera vez en 1954. En su repertorio, fundamentalmente compuesto de boleros, cuenta con composiciones de César Portillo de la Luz, Gastón Pérez, Frank Domínguez, entre otros compositores cubanos. Regresó a Cuba en los años 57 y 59.

Gil, Blanca Rosa: (1937) Sus interpretaciones y su belleza le valieron el epíteto de la Muñequita que canta. En la década de los cincuenta fue acompañada por Severino Ramos.

Gloria Matancera: Con el formato de septeto fue fundada en 1927 por Eliseo Díaz Clemente. Trabajaron para el Teatro Alambra. En el 44 pasan a ser el Conjunto Gloria Matancera y graban con Celia Cruz. Su período de mayor esplendor fue con la voz de Nelo Sosa.

Gómez-Oviedo, Quinteto: Fundado en 1937 por Isaac Oviedo, tres y voz prima; Graciano Gómez, guitarra y voz segunda; Oscar Villarta, contrabajo; y Rolando Scull, piano.

Gonzáles Mantici, Enrique: (1912-1974) Director de orquesta, compositor y violinista. Funda, causando un desmembramiento de la Orquesta Hermanos Castro, la Havana Riverside para abandonarla en 1941. En el cuarenta y nueve funda el Instituto Nacional de Música. En 1959 es nombrado profesor titular de la Orquesta Sinfónica Nacional.

González Fontanills, Rubén: (1919-2003) Pianista. Trabajó para la charanga de Paulina Álvarez en Academias de bailes. A partir de 1943 alternó con el conjunto de Arsenio Rodríguez y el Kubavana. Posteriormente integró las *jazz band* Siboney, Riverside, Hermanos Castro y la de CMQ. Grabó el disco *Buena Vista Social Club*.

González, Maruja: (1904-1999) Debuta en la Compañía de Ernesto Lecuona que se presentaba en los teatros Payret y Nacional. Su trabajo de actuación estuvo marcado por las creaciones del maestro cubano.

González, Neno; Luis González Valdés: (1903-1986) Pianista y compositor. Como compositor cultivó casi todos los géneros de la música popular cubana. Fundó en 1918 la Orquesta de Neno González con la que trabajó en varios cines silentes de la época hasta que se integra la cantante Paulina Álvarez y abre otras perspectivas a la agrupación.

Gramatge, Harold: (1918-2008) Compositor, fundamentalmente, pero su maestría ha guiado a varias generaciones de cubanos.

Granda, Bienvenido, Rosendo Bienvenido Granda Aguilera: (1915-1983) Cantante de las orquestas Hermanos Castro, Le Batard, Riverside y, entre y otras, la de Dámaso Pérez Prado. Su manera particular de asumir la canción le valió el epíteto de «el bigote que canta».

Grenet, Eliseo: (1893-1950) Compositor y pianista. Pionero de las *jazz band* en Cuba, funda una en 1925, de donde fue parte Manolo Castro. Escribió a cuatro manos música con el maestro Lecuona, y aunque su labor como pianista brilla, se le reconoce mucho más por sus composiciones.

Grillo, Frank, Machito: (1909-1984) Cantante. Su presencia en la música se podría resumir en la creación, en 1940, de la Machito and his Afro-Cubans, orquesta clave en el surgimiento de la corriente del Cubop, más tarde *jazz* afrocubano.

Guerra, Jesús: (1920) Compositor. Famoso por el sentido picaresco a la hora de crear sus guarachas que fueron interpretadas por el puertorriqueño Daniel Santos.

Guerrero Reina, Félix Lucas: (1881-1950) Violinista y guitarrista. Integra la orquesta de los Hnos. Hermanos Palau, la de Vicente Lanz, y luego se dedica a la enseñanza de la música.

Guevara Navarro, Walfrido: (1916-2004) Compositor. Se destaca por la orquestación o la creación de famosos boleros.

Guillot, Olga: (1922-2010) Después de su primer éxito con «Lluvia gris», en 1945, es proclamada cancionera del año. Artista exclusiva de la disquera Puchito, cantó con la Hermanos Castro y ha transitado con la recompensa del éxito la vida musical cubana.

Gutiérrez, Bienvenido Julián: (1904-1966) Compositor. Comenzó creando para el grupo de guaguacó Los Roncos y más tarde se extendió al bolero, la guaracha y el son.

Guzmán, Adolfo; Adolfo José Guzmán González: (1920-1976) Compositor y pianista. Aunque en 1943 es el director musical de la emisora Mil Diez, y más tarde integra las orquestas Zombie Club, Montmartre y la de los teatros América, Fausto, Nacional y Campoamor, se le reconoce por encima de todo, la cubana de sus composiciones.

Henríquez, Reinaldo: (1915-1987) Cantante. Fue acompañado por los pianistas Orlando de la Rosa y Frank Domínguez. Tenía un amplio repertorio, pero dominaba, sobre todo, las composiciones de Adolfo Guzmán.

Jiménez, Generoso: (1917-2007) Trombonista. Comenzó en 1931 con la orquesta Jakiky y a su viaje a la Habana pasó por la orquesta de Trinidad y Hermano, el Circo Ringling Brothers, por la Casino de la Playa, los Hermanos Martínez, La Happy Ulacia, Los Diplomáticos. Y grabó con Bebo Valdés, con Benny Moré, con la Riverside, Sensación, Hermanos Castro, el conjunto Chapotín, Rolando Baró y El Niño Rivera.

Jorrín, Enrique: (1926-1987) Compositor y violinista. Participó de la Hermanos Contreras, Artemisa, Ideal, Hermanos Peñalver, Arcaño y sus maravillas. Dirigió Selecciones del 45, la América, hasta que fundó su propia orquesta.

Jóvenes del Cayo: Fundado en la Habana como sexteto, pasa en 1940 a ser conjunto con Alfonsín Quintana como director y cantante. Por su alineación pasó Miguelito Valdés, Néstor Milí y Daniel Santos, entre otros.

King Cole, Nat: (1919-1965) Aunque viajó en más de una ocasión a la Isla, su debut en la Habana fue en 1956 en Tropicana, acompañado por la orquesta del cabaret, dirigida por Armando Romeu.

Lecuona Pérez, Luis Ernesto: (1916-1987) Pianista y compositor.

Lecuona, Ernesto; Ernesto Sixto de la Asunción Lecuona Casado: (1895-1963) Compositor y pianista. Baste con decir que entre los Lieder, el piano y el teatro musical, sus obras son cientos. Un cubano realmente internacional, con un registro creativo tan amplio que va desde lo lírico, estudiado en profundidad, hasta la desconocida vertiente popular.

Lecuona, Margarita: (1910-1981) Compositora, guitarrista y cantante. Autora del tema «Babalú», inmortalizado en la voz de Miguelito Valdés; y «Tabú» grabado por la orquesta de Oscar de la Rosa, por el cuarteto Machín en New York y por la Lecuona Cubans Boys.

Licea Lamouth, Manuel, Puntillita: (1921-2000) Cantante. Comenzó con los Hermanos. Licea, en Camagüey, y a su arribo a la Habana, alternó entre las orquestas de Julio Cueva, Hermanos Castro y el Conjunto Casino. Participó en el disco *Buena Vista Social Club*.

López Valdés, Israel, Cachao (1918-2008) Contrabajista y compositor. Ingresó en la Orquesta Filarmónica de La Habana, bajo la batuta de, entre otros, Igor Stravinsky y Heitor Villa-Lobos. Fue fundador de la agrupación Arcaño y sus maravillas, donde comenzó por celo y luego el contrabajo.

López, Oscar: (1918) Cantante. Trabajó en las orquestas de Obdulio Morales, Arcaño y sus Maravillas, Cosmopolita y Havana Casino, y actuó en los conciertos de la Compañía de Ernesto Lecuona.

López, Rafael: (1907- 1979) Compositor y contrabajista.

Machín, Antonio: (1903-1977) Cantante. En su voz se popularizó por primera vez en los Estados Unidos «El manisero», de Moisés Simons. Luego de varios años de trabajo con la orquesta de Don Azpiazu, crea el Cuarteto Machín, viaja por España en una compañía de artistas negros y en 1949 funda su propia orquesta.

Macías, Orestes: (1934-2020) Cantante. Ha transitado por las orquestas Arcaño y sus Maravillas, Hermanos Castro; por el Conjunto Casino, Rumbavana, Caney, y actualmente actúa como solista.

Marín, Víctor: (1924-2009) Compositor y percusionista.

Márquez, Trío Hermanas: Fundado en 1930 sus integrantes recorrieron con su música casi todo el territorio americano. Trini Márquez es la creadora del famoso bolero, «Eres mi bien».

Marrero, Zoraida; Zoila del Carmen Marrero: (1911-2004) Soprano. Además de formar parte de la compañía de Ernesto Lecuona del Auditórium, cantó con las orquestas de Senén Suárez y Armando Romeu, en el cabaret Tropicana.

Martínez, Felo: (1930-1999) Cantante. Trabajó para los conjuntos de Luisito Valdés y el de Luis Valdespí. Pasó del Conjunto Casino a la Hnos Castro, entre 1961 y 1963. Para luego integrarse a la Casino de la Playa y a la Orquesta de Benny Moré.

Mas Romeu, Gustavo: (1918) Saxofonista. Trabajó para los Hermanos Le Batard, y después con la Casino de la Playa, Hermanos Castro y Bellamar, dirigida por Armando Romeu. Es considerado el mejor saxofonista de *jazz* que ha dado Cuba.

Matamoros, Miguel: (1894-1971) Guitarrista y compositor. Funda en 1925 el Trío Matamoros, que conforma, alternativamente como sexteto o conjunto. Como Trío sus interpretaciones y composiciones han recorrido el mundo entero.

Medrano, Emilio: (1895- 1960) Tenor. Actuó, con reconocida fama, en Venecia, New York y la Habana en la Sociedad Pro-Arte Musical y en el Ateneo.

Melodías del 40: Fundada el 18 de julio por Regino Frontera Fraga.

Méndez, José Antonio: (1927-1989) Promotor junto a una generación de estrellas del movimiento filin. Sus composiciones se convirtieron en clásicos de la canción romántica. Entre ellas se encuentran «Si me comprendieras» y «Novia mía».

Milí, Nestor: (1910-1967) Compositor. En la década de los treinta incursiona como guitarristas en el conjunto Jóvenes del Cayo. Sus primeras obras se comienzan a conocer a partir de los cuarenta. Fundó en 1961 el cuarteto vocal Los Zafiros.

Mondéjar, Ninón; Anacario Cipriano Mondéjar Soto: (1914-2006) Cantante y compositor. Fundó la orquesta América con la que creó un danzón para cada uno de los clubes donde trabajaba.

Montaner, Rita; Rita Aurelia Fulceda Montaner Facenda: (1900-1958) Soprano. Conocida también como La Única, su registro vocal le permitió transitar por cuanto género abarca el *bel canto*; y a su vez, hacer de la música folklórica y popular joyas interpretativas. Su activismo como defensora de lo cubano no se resumió al canto, hizo con su voz, con su presencia e histrionismo cuanto pudo y quiso, en la radio, la televisión y el cine.

Morales, Rafael: (1905-1990) Pianista y organista.

Moré, Benny; Bartolomé Maximiliano Moré Moré: (1919-1963) Cantante y compositor. Su paso por el Conjunto Matamoros, por la orquesta de Dámaso Pérez Prado y la de Bebo Valdés, le permitieron fundar en 1953 su Banda Gigante, con la que muestra toda su tesitura vocal, inmortalizándola como una de las *jazz band* más importantes de Cuba.

Mulens, Fernando; Fernando Luis Miguel López Mulens: (1919-1986) Pianista y compositor. Sustituye en 1957 a Bebo Valdés en la orquesta de Tropicana y funda en 1960 el cuarteto vocal Los Modernistas.

Navarro, Nelson: (1930-1983) Cantante y compositor. Inicia su carrera en 1947 con el Trío Latino. Cantó, además, con los Hermanos Castro, los Hermanos. Bravo y Los Camperos.

Naya, Panchito: (1909-1974) Tenor. Realizó la primera grabación de la zarzuela cubana, *Cecilia Valdés* de Gonzalo Roig, junto a las sopranos Ruth Fernández y Marta Pérez.

Nolasco Jústiz, Pedro, Peruchin: (1913-1977) Pianista y compositor. Comenzó su carrera con la orquesta de Chepín-Chovén. En la Habana integró las orquestas Casino de la Playa, de Carlos Boza, la Ideal, la Banda Gigante y el Conjunto Matamoros. Formó su propio grupo con el que actuó en el cabaret Tropicana. Fue acompañante de la cantante Mercedita Valdés y miembro de la Cuban All Stars.

Nugué Piedra, Francisco: (1909-1966) Compositor. Cultivó una música de tipo universal. Estudió bajo la tutela de Gerardo Guanche.

Núñez, Tomasita: (1901-1980) Mezzo-soprano. Comenzó su carrera artística en el Teatro Nacional interpretando un personaje de *Madame Buterfly*. En 1934 integra la compañía de Ernesto Lecuona.

O´Farril, Arturo, Chico: (1921-2001) Compositor y trompetista. Funda en 1945, Los raqueteros del Swing por donde transitan otras figuras que hicieron historia en la música cubana. En 1995 gana un Grammy con *Pure Emotion*.

Oréfiche, Armando: (1911-2000) En la década de los treinta comienza a dirigir la Lecuona Cuban Boys con la que populariza los ritmos cubanos en los escenarios europeos. A su regreso a la Habana cambia el nombre de la orquesta por Havana Cuban Boys y debuta en Tropicana. Su fama también se debe a las instrumentaciones que hizo para otras agrupaciones.

Orovio, Helio: (1938-2008) Musicólogo. Estudió con Vicente González-Rubiera, Guyún, guitarra; y con Walfredo de los Reyes, percusión cubana. Su trabajo como investigador en el Instituto de Etnología y Folklore de la Academia de Ciencias de Cuba, le permitió reunir suficiente información para escribir el *Diccionario de la Música Cubana*.

Orquesta Cosmopolita: Fundada en 1938. Se mantuvo durante siete años tocando en el cine teatro América. Estuvo activa hasta mediados de los años sesenta.

Orquesta Hermanos Palau: Fundada en 1922 fue una de las *jazz band* pioneras cubanas. Bajo la dirección de Gerado Palau tocaron los seis hermanos.

Perdomo Mitjans, Marcos: (1920-1990) Compositor.

Pérez Prado, Dámaso: (1917-1989) Compositor y pianista. Inició su carrera en la charanga de Senén Suárez. Su genio le permitió crear un ritmo inmortal, el mambo.

Pinedo, Nelson; Nelson Pinedo Fadullo: (1928-2016) Cantante. La interpretación de «Me voy pa´La Habana», «Bésame» y «El Ermitaño», entre otras lo popularizaron junto a la Sonora Matancera.

Portillo de la Luz, César: (1922-2013) Compositor y guitarrista. Uno de los maestros del filin sus composiciones han recorrido el mundo entero. Entre ellas todavía se escuchan y graban con éxito, «Contigo en la distancia».

Pozo «Chano», Luciano Pozo González: (1915-1948) Tamborero y compositor. Su renombre lo gana con la universalización de la música afrocubana, cuando incorpora la percusión a la banda de Dizzie Gillespie, gesto con el que cataliza la creación de llamado *Cubop*. De sus creaciones aún se recuerdan e interpretan «Manteca» y «Afro Cubano Suite» o «Algo bueno».

Prats, Rodrigo; Rodrigo Ricardo Prats Llorens: (1909-1980) Compositor y violinista. Sus composiciones le valieron la fama. Entre ellos «Amalia Batista».

Ramírez, Gil: (1945-1990) Cantante y compositor. Forma parte de la Arcaño y sus Maravillas y es fundador de la Banda Gigante de Benny Moré.

Ramos Betancourt, Severino: (1903-1965) Pianista. Comenzó en la década de los cuarenta como arreglista de la Sonora Matancera. Posteriormente organizó el conjunto Caney.

Rendón, David: (1907-1980) Se inicia como pianista de la orquesta de la Corte Suprema. En 1962 funda el Teatro Lírico Nacional.

Rivero, Facundo: (1910-1997) Pianista y compositor.

Rodríguez, Arsenio; Ignacio Arsenio Travieso Scull: (1911-1971) Con la creación del conjunto que lleva su nombre introduce cambios sustanciales en el son, el bolero y la guaracha, que no solo incluyeron la ampliación del formato instrumental, un nuevo repertorio y nuevos conceptos rítmicos.

Roig, Gonzalo; Julio Gonzalo Elías Roig Lobo: (1890-1970) Su creación es exquisita. Solo su zarzuela Cecilia Valdés hubiese bastado para alcanzar el éxito.

Romeu, Antonio María: (1876-1955) Pianista y compositor. Entre 1900 y 1920 fundó la primera *jazz band* cubana. El último de los cantantes que integró su orquesta fue Barbarito Diez.

Romeu, Armando: (1911-2002) Flautista, saxofonista, orquestador y director de orquesta. Bajo su dirección, durante años, estuvo la orquesta del cabaret Tropicana. Allí compartió escenario todas las estrellas que por aquel entonces frecuentaban la Isla.

Rosell Hernández, Electo, Chepín: (1907-1984) fundó y dirigió las orquestas Siete Ases y Chepín-Chovén. Luego creó la orquesta Oriental en la que actuó Ibrahím Ferrer.

Rosell, Rosendo: (1918-2010) Compositor. Su quehacer ha sido multifacético. Ha sido cantante de tangos, locutor, actor de radio, animador de cabaret, y escritor de *Vida y Milagros de la farándula de Cuba*.

Ruiz, María: (1902-1969) Soprano. Su repertorio estuvo esencialmente compuesto por la obra de Ernesto Lecuona.

Sacasas, Anselmo: (1912-1998) Pianista y compositor. Funda en 1937 la orquesta Casino de la Playa, junto a Guillermo Portela y Miguelito Valdés. En 1940 cuando funda su propia orquesta, contrata como baterista a Tito Puente.

Salazar, Parmenio: (1912-1992) Compositor y contrabajista, aunque se desarrolló como cantante y percusionista.

Santos, Daniel: (1916-1992) Cantante y compositor puertorriqueño que alternó escenario con los conjuntos Valdespí, Los jóvenes del Cayo, la Hermanos Castro y la Sonora Matancera.

Saquito, Ñico; Benito Antonio Fernández Ortiz: (1901-1982) En el 1942 fundó el cuarteto Compay Gallo, luego Los Guaracheros de Oriente. En 1960 comenzó a trabajar en el bar-restaurant La Bodeguita del Medio hasta su fallecimiento.

Sensación, Charanga: Fundada en 1953 es la primera que introduce el trombón con la participación de Generoso Jiménez.

Simons, Moisés: (1889-1945) Compositor y pianista. Su pregón son «El manisero» es una de las creaciones cubanas más conocidas del mundo. A él se deben también «Hoy como ayer» y «A una rosa».

Sonora Matancera, conjunto: Fundado en 1924. Por ella transitaron Severino Ramos, que le imprimió con sus orquestaciones un sello único; Bienvenido Granda, el bigote que canta; y Celia Cruz, un puntal de los éxitos de la agrupación.

Suárez, Senén; Abdón Senén Suárez Hernández: (1922-2013) Compositor, tresero y guitarrista. En 1950 funda el conjunto que llevaba su nombre. Ha grabado con el Quinteto de Celso Vega, la orquesta de Neno González, los conjuntos de Roberto Faz y Jóvenes del Cayo.

Sureda, Estanislao, Laíto: (1914-1999) Cantante. Sus interpretaciones pasaron por la Hermanos Castro, el conjunto Kubavana. Luego se incorporó al cabaret Tropicana con el conjunto de Ernesto Grenet y en 1948 con el de Senén Suárez, en los que alternó con Nat King Cole y Frank Sinatra. Sustituyó en la Sonora Matancera a Bienvenido Granda. En 1995 formó su propio conjunto.

Tabranes, Baz: (1922) Fundó en 1947 el trío Taicuba. Compartió con Rita Montaner en varios filmes.

Tarraza, Juan Bruno: (1917-2001) Compositor y pianista. Sus canciones aparecen fundamentalmente en filmes mexicanos.

Tejera, Tony: (1918-2007) Compositor y guitarrista. Tocó para la Orquesta Hermanos Martínez, el Conjunto Colonial, del que fue fundador, y el de Roberto Faz.

Touzet, René: (1916-2003) Compositor y pianista. Sus conocimientos le permitieron también realizar una extensa labor como orquestador y director de orquesta

Urfé, José: (1879-1957) Compositor y clarinetista. Con «El bombín de Barreto», transformó la tradicional coreografía del danzón y definió su estructura actual.

Valdés, Bebo; Ramón Emilio Valdés Amaro: (1918-2013) Pianista y compositor. Creador de un género tan efímero como el batanga, y de las descargas de *jazz*. Su genialidad jazzística ha acompañado a las más diversas personalidades del *jazz*. Puede recorrer desde el piano todos los géneros y estilos de música. También se destaca por sus orquestaciones.

Valdés, Miguelito; Eugenio Elías Zacarías Miguel Valdés y Valdés: (1912-1978) Su voz transitó por el septeto Jóvenes del Cayo, por las charangas de Ismael Díaz y la Gris; por las orquestas Habana, Hermanos Castro, Casino de la Playa, de la que fue fundador; por la Riverside, la Siboney, por la de Xavier Cugat, por la AfroCubans, por la Havana Casino. Fue conocido como Mister Babalú por su interpretación del tema de Margarita Lecuona.

Valdespí, Armando; Armando Pi Valdés: (1907-1967) Compositor y pianista. En 1937 fundó su propia orquesta.

Vallejo, Orlando: (1923-1981) Cantante. Fue uno de los intérpretes del bolero moruno.

Villa, Ignacio o Bola de Nieve: (1911-1971) Su estilo personal de interpretar la música se anticipó a corrientes como el filin, en el que radica su grandeza como músico y cantante. Sus presentaciones son extensas y grandiosas, por eso sería inútil mencionar solo algunas.

Zamora, Jorge: (1918) Compositor y guitarrista. Fue uno de los integrantes de la generación del filin.

JUAN CASTRO HIDALGO. COMPOSITOR

Algunos temas registrados, género, fecha y lugar de estreno, de Juan Castro Hidalgo.

Madrigal romántico // Canción // 15 de febrero de 1935 // CMBC

Tus violetas // Canción son // 20 de febrero de 1935 // COC

Ya no soy celosa // Bolero son // 13 de junio de 1937 // CMQ

Humo de opio // Melodía rítmica // 13 de julio de 1937 // CMW

Alguna vez // Melodía rítmica // 28 de enero de 1938 // CMQ

Una conga en la noche // Conga // 28 de enero de 1938 // CMQ

Amor de media noche // Canción // 24 de febrero de 1939 // CMQ

Juventud que vas // vals // 1ro.de noviembre de 1939 // CMK

Sombras en mi vida triste // Canción // 1ro. de noviembre de 1939 // CMK

No me digas adiós // Canción-bolero // 1ro. de noviembre de 1939 // CMK

La última conga // Conga // 1ro. de noviembre de 1939 // CMK

Me voy contigo // Bolero son // 1ro. de noviembre de 1939 // CMK

Desfile de conga // Conga // 1ro. de noviembre de 1939 // CMK

No puedo vivir sin ti // Criolla-bolero // 1ro. de noviembre de 1939 // CMK

Reminiscencia negra // Melodía negra // 1ro. de noviembre de 1939 // CMK

Vámonos mi negra // Conga // 10 de febrero de 1940 // CMQ

La conga de aguadulce // Conga // 10 de febrero de 1940 // CMQ

Cabellera roja // Canción bolero // 10 de febrero de 1940 // CMQ

Tuyo es todo // Bolero // 15 de abril de 1940 // -

La conga de Manacas // Conga // 6 de junio de 1940 // CMCX

ANTONIO CASTRO HIDALGO. COMPOSITOR

Algunos temas registrados, género, fecha, lugar de estreno y coautoría, de Antonio Castro Hidalgo.

Me desprecias / Bolero / 18-3-1939 / ASS. Propietarios del Vedado / -

Devuélveme la vida / Bolero / 1-1-1950 / CMQ / Bienvenido Julián Gutiérrez

No rompas este clinch / Mambo / 6-1-1950 / Hotel Nacional / -

Indio Caribe / Canción rítmica / 6-1-1950 / Hotel Nacional / Julio Blanco

Negra Rosa /Bolero / 3-2-1950 / Hotel Nacional / Bienvenido Julián Gutiérrez

Dame lo que me ofreciste / Bolero mambo / 3-2-1950 / Hotel Nacional / Rafael Castro Sánchez

Mira un ciempie / Guaracha / 10-2-1950 / Hotel Nacional / Bienvenido Julián Gutiérrez

Te enseñé a querer / Mambo / 3-3-1950 / Hotel Nacional / Rafael Enrizo

Señalada / Bolero / 10-3-1950 / Hotel Nacional / Bienvenido Julián Gutiérrez

Traigo un tumbao / Guaracha / 28/3/1950 / Hotel Nacional / Bienvenido Julián Gutiérrez

Mulata de fuego / Guaracha / 28/6/1950 / Casino Deportivo / -

La rumba cubana / Guaracha / 14/6/1950 / Casino Deportivo / -

Amorcito, ven / Mambo / 14-6-1950 / Casino Deportivo / -

Bufonada / Canción bolero / 19-6-1950 / CMBZ, Radio Salas / Bienvenido Julián Gutiérrez

Amor y mambo / Bolero mambo / 20-6-1950 / CMBZ, Radio Salas / Walfrido Guevara

Eso no se queda así /Guaracha / 8-7-1950 /Hotel Nacional / Senén Suárez

Totorotó / Guaracha / 8-7-1950 / Hotel Nacional / Hilario Ariza Batista

Matando la cucaracha / Guaracha / 9-7-1950 / Casino Deportivo / Marcos Perdomo

Lo que ansío / Mambo / 9-7-1950 / Hotel Nacional / Gregorio Corzo Lizaso

Espabílate, negra / Guaracha / 27-8-1950 / Hotel Nacional / Nestor Milí

Caso y cosas del Solar / Guaracha / 27-8-1950 / Casino Deportivo / Bienvenido Julián

Su majestad el mambo / Guaracha / 27-8-1950 / Hotel Nacional / Félix Cárdenas

Eso de ahí / Guaracha / 27-8-1950 / Casino Deportivo / Bienvenido Julián Gutiérrez

Pepe Berrinche / Guaracha / 29 -10-1950 / Modelo Club / Bienvenido Julián

Cómo te nombra / Bolero / 29 -10-1950 / Casino Deportivo / Andrés Castro

Sucu sucu te voy a dar / Sucu sucu /29 -10-1950 / Modelo Club / Hilario Ariza Batista

Se formó la tángana / Guaracha / 3-1-1951 / Hotel Nacional / Hilario Ariza

Paparrucha / Mambo / 10-1-1951 / Hotel Nacional / Bábaro Salvador O'Farril.

Qué vivas son las mujeres / Guaracha / 2-5-1951 / CMBZ, Radio Salas / Juana Sanabria

Dejen bailar al loco / Guaracha / 19-6-1951 / Club Náutico / Hilario Ariza Batista

Panchito, caña brava / Guaracha / 31-5-1952 / Sociedad Juventud Social de Marianao / -

Juan el loco / Guaracha / 2-8-1952 / Casino Deportivo / Hilario Ariza Batista

Papito / Guaracha / 31-8-1952 / Casino Deportivo / Hilario Ariza Batista

Se baila así / Son montuno / 21-9-1952 / Casino Deportivo / -

La rutina / Guaracha rumba / 21-9-1952 / Casino Deportivo / -

En nuestras vidas / Bolero / 8 -9-1954 / - / -

En el bajío / Guajira / 30 -10/-1954 / Club San Carlos / José Claro Fumero

Soy Niche / Guaracha / 6 -1/-1955 / Radio Progreso / José Claro Fumero

Qué bueno está / Chachachá / - / - / -

Quiéreme, bésame / Son-Chachachá / 16-3-1955 / - / -

MANUEL CASTRO HIDALGO. COMPOSITOR

Algunos temas registrados, género, fecha y lugar de estreno, de Manuel Castro Hidalgo

* Derechos con Editora Musical de Cuba
* Grabados con la Egrem

Desafío / Canción / 10-2-1937 / - / Gaspar Arias / -

Ojos que aman / Bolero son / 16-5-1938 / CMBC / - /

Inevitable * / Bolero son / 16-5-1938 / CMBC / - / Manuel Castro

Aunque seas perversa / Bolero / 10-11-1953 / - / José Slater Bandán / Niño Rivera (para trompetas)

Pa' los niños * / Chachachá / ¿?-5-1956 / - / Rolando Baró y Manuel Castro

Cabellera de ámbar / Canción bolero / 1-7-1957 / - / - / O. Estivill (para piano)

No podrás engañarme / Bolero mambo / ¿?-5-1958 / - / - / Rolando Baró / Severino Ramos

No puedo darte más que amor / - / - / - / - / Rolando Baró

Tu eres así / - / - / - / -

Durmiendo está / - / - / - / -

Aquí rayando / Mambo chá / - / - / José Slater Bandán / -

La dicha de hallarte / Bolero / 30-1-1962 / - / José Slater Bandán / Manuel Castro

Eres igual / Bolero / 31-1-1962 / Radio Progreso / - / Niño Rivera

Recuerdo tu canción / Canción- bolero / 11-2-1962 / Radio Progreso / - / Severino Ramos/ Manuel Castro

Con Carlota ®* / Guaracha son / 24-6-1962 / Radio Progreso / - / Severino Ramos

Escucha Nena ® / Bolero guaracha / 6-10-1962 / Radio Progreso / - / Manuel Castro

Mambo ideal / Mambo samba / Instrumental / 19-12-1962 / Radio Progreso / José Slater Bandán / Juan Santamaría

Cuídame / - / - / - / José Slater Bandán

Y tal vez / Bolero benique / 21-12-1962 / Radio Progreso / -

Qué suave / Chachachá / 21-12-1962 / Radio Progreso / - / Severino Ramos

No la castigues ® / Bolero / - / Radio Progreso / - / Peruchín

Me esconde el corazón / Bolero moruno / 9-2-1963 / Radio Progreso / Servando Mosquera Cabaleiro / Manuel Castro

Sambason ® / Samba son / 20-2-1963 / Radio Progreso / - / Severino Ramos

He perdido / Bolero / 29-5-1963 / Radio Progreso / José Slater Bandán

Si dices / Bolero / 14-6-1963 / Radio Progreso / Servando Mosquera Cabaleiro / Enriqueta Almanza

Qué te pasa Catalina ® / Guaracha / 26-12-1963 / Radio Progreso / José Slater Bandán

Entonces, ¿qué? / Bolero / 7/1/1964 / Sociedad Cubana de Autores Musicales / José Slater Bandán

Calmarás / Bolero / 31-1-1964 / Radio Progreso / José Slater Bandán

Sigue bailando* / Guaracha / 31-1-1964 / Radio Progreso / José Slater Bandán

Me dirás / Mambo cha / 10/2/1964 / Radio Progreso / José Slater Bandán

Eso es cierto / Bolero / 20-1-1965 / Radio Progreso / - /

Sigue arrollando / Guaracha conga / 31-1-1966 / Radio Progreso / José Slater

Aquí pasando / Guaracha / 19-12-1966 / Radio Progreso / José Slater

Equivocada / - / - / - / - / -

Dengue con merengue / Dengue / 6-1-1967 / Radio Progreso / José Slater

Sabes de mis penas / Bolero / 31-1-1967 / Radio Progreso / -

DISCOGRAFÍA

Discos Puchito de 45 rpm

Disco	Título	Género	Cantante	Autor
178	Risa de llanto	Bolero	Carlos Díaz	Amable Martínez
	Recuerdas la noche		Carlos Díaz	Julián Ortiz
184	Quiéreme y bésame	Chachachá	Miguelito Valdés	Antonio Castro[28]
	Nunca nunca nunca	Bolero	Miguelito Valdés	Tata Nacho
251	Es mi hombre	Chachachá	Rosita Fornés	Maurice Ivain
	Sensualidad		R. Fornés	R. Vatio y F. Giordano
177	Adiós África		Miguelito Valdés	Arsenio Rodríguez
	Muñeca	Bolero	Miguelito Valdés	René Touzet
222	Amanecer de Cuba	Guajira Chachachá	Carlos Díaz	Milí y B. Leonard
	Cayetano baila	Merengue baión	Carlos Díaz	Parmenio Salazar
259	Enséñame tú	Bolero	Olga Guillot	Jorge Zamora
	Al presentirte en mi vida	Bolero	Olga Guillot	Ricardo D. Pérez
163	Mi soñar	Bolero	Carlos Díaz	Arturo C. Hassan
	En nuestras vidas	Bolero	Carlos Díaz	Antonio Castro
165	Vivir de los recuerdos	Bolero	Olga Guillot	Bobby Collazo
	Palabras calladas	Bolero	Olga Guillot	Juan B. Tarraza

[28.] Con la colaboración de Fajardo y Niño Rivera.

214	La basura	Chachachá	Carlos Díaz	Jorge Zamora
	No puedo ser feliz	Bolero	Carlos Díaz	Adolfo Guzmán
201	No importa si mentí	Bolero	Olga Guillo	Baz Tabranes
	Aunque tú me olvides	Bolero	Olga Guillot	Mercedita Fernández
182	Porque no podré	Bolero	Olga Guillot	Pablo de los Andes
	Sin mí	Bolero	Olga Guillot	Mario Clavel
181	Mamita, cambia	Son montuno	Miguelito Valdés	José Slater Badán
	Mis cinco hijos	Guajira Chachachá	Miguelito Valdés	Osvaldo Farrés
160	Don Toribio Carambola	Guaracha	Carlos Díaz	
	Martinillo	Mambo	Carlos Díaz	
155	Mujer sin corazón	Danzón cantado	Carlos Díaz	
	Chivirico	Mambo	Carlos Díaz	

149	En tu balcón	Bolero	Carlos Díaz	José Slater
	(Serie internacional)			
	Quién será (la que me quiera a mí)	Bolero mambo	Carlos Díaz	Pablo Beltrán
145	Guarapo	Son montuno	Carlos Díaz	
	Ambición	Danzón cantado	Carlos Díaz	
167	Mi ser	Bolero	Carlos Díaz	
	No te importe saber	Bolero	Carlos Díaz	
172	Vagabundo	Bolero	René Cabell	Federico Baena
	Cada vez más	Bolero	René Cabell	René Touzet[29]
173	Volveré	Bolero	René Cabell	María Grever
	Qué será qué será qué será	Bolero	René Cabell	Osvaldo Farrés
147	Luna de Sierra Morena	Bolero español	Juan M. Terragrosa	Laredo-Oliveras
	(Serie internacional)			

[29.] Con la colaboración de Cuarteto D'Aida.

| Manuela Cruz | Pasodoble | Juan M. Terragrosa | Carmelo Larrea |

145 **Eres mi ambición(Ambición)** Danzón cantado Carlos Díaz y coro Derechos reservados

(Serie internacional)

| **Guarapo** | Son montuno | Carlos Díaz | Florencio C. Martínez |

LP – 101

Side 1	**Miénteme**	Bolero	Olga Guillot	Chamaco Domínguez
	Estamos en paz	Bolero		Antonio Pereyra
	Eso y más	Bolero		J.B. Tarraza

Side 2	**Palabras calladas**		Olga Guillot	J.B. Tarraza
	Sola			Pablo de los Andes
	No me quieras así			Facundo Rivero
	Vivir de los recuerdos			Bobby Collazo

| 182 | **Por qué** | Bolero | Olga Guillot |

	Sin mí	Bolero	Olga Guillot
180	**La gloria eres tú**	Bolero	Olga Guillot
	Enamorada	Bolero	Olga Guillot
171	**Soy tuya**	Bolero	Olga Guillot
	En nosotros	Bolero	Olga Guillot
175	**Tibiri Tabareando**	Son montuno	Miguelito Valdés
	Es muy fácil	Bolero	Miguelito Valdés
179	**Mangue**	Pregón	Miguelito Valdés
	La oportunidad	Bolero	Miguelito Valdés
183	**Recordando el pasado**	Bolero	Miguelito Valdés
	José Luis, pata virá	Chachachá	Miguelito Valdés
175	**La sitiera**	Guajira Chachachá	Olga Guillot y Miguelito Valdés
	Lágrimas negras	Bolero	

Discos Kubaney de 45 rpm

108	**Cobarde**	Bolero	Chamaco García	Rosendo Rossell
	La conciencia	Chachachá	Chamaco García-Kino Morán	Dora Herrera
109	**Me llorarás**	Bolero	Kino Morán	José Slater Badán
	El Merecumbé	Merecumbé	Kino Morán	Francisco Galán
97	**Salsa y Bistek**	Chachachá	Felo Martínez-Nelson Navarro	R. Arrondo
	Calculadora	Chachachá	Felo Martínez-Nelson Navarro	Rosendo Rossell

La interpretación corresponde a Felo Martínez y Nelson Navarro. Reeditado como MT-120 *Learn to dance* caja de 3 Lp´s y Krystal 1120.

Side			
1	**Sabrosona**	coro	Richard Egües
	Bon bon cha	Rosendo Rosell	Richard Egües y Ortiz
	Calculadora	Rosendo Rossell	Richard Egües
	El peletero	coro	Hilario Ariza
	Chachachá flamenco	-	L. Araque
	El trago	Felo Martínez	Richard Egües
2	**Mira a ver quién es**	-	Víctor Marín
	Mi nuevo ritmo	-	Aguilar
	Rico vacilón	Felo Martínez	R. Ruiz Jr.
	El maletero	F. Pérez	A. López
	Poco pelo	coro	A. Sánchez
	Salsa y Bisteck	Felo Martínez	R. Arrondo

Discos Panart de 45 rpm
(Conservados por la familia Castro)

2291   **Irremediablemente solo** / Bolero / Orlando Vallejo / Avelino Muñoz
       Cuando vuelva a tu lado / Orlando Vallejo / María Grever

LP Panart 3091-12. La prieta linda. Estrictamente para bailar. Instrumental

Disco	Título	Género	Autor	Orquestación
Cara A	La prieta linda	Mambo	Memo Salamanca	
	Cayetano baila	Baion	Parmenio Salazar	Ángel Castro
	Susy	Mambo chá	Osvaldo Estivill	
	Bodas de oro	Danzón	Electo Rosell	Chepín
	Lola Catula	Pachanga	E. Davidson	Osvaldo Estivill
	Fiesta en Sax	Mambo chá	Ramón Paz	Bebo Valdés

Cara B	Ya está el café	Danzón	Silvio Contreras	M. Lazaga
	Piña, mamey y mango	Chachachá		Osvaldo Estivill
	Ha muerto Mamerto	Pachanga	E. Davidson	Osvaldo Estivill
	Chachachá húngaro	Chachachá	Brahms	Carlos Campos
	Trompeta gitana	Mambo	Pedro Mendoza	
	El merecumbé	Merecumbé	Tony Tejera	Osvaldo Estivill

LP Panart. Olga Guillot con la Orq. Hnos Castro y Miguelito Valdés. Volumen 3

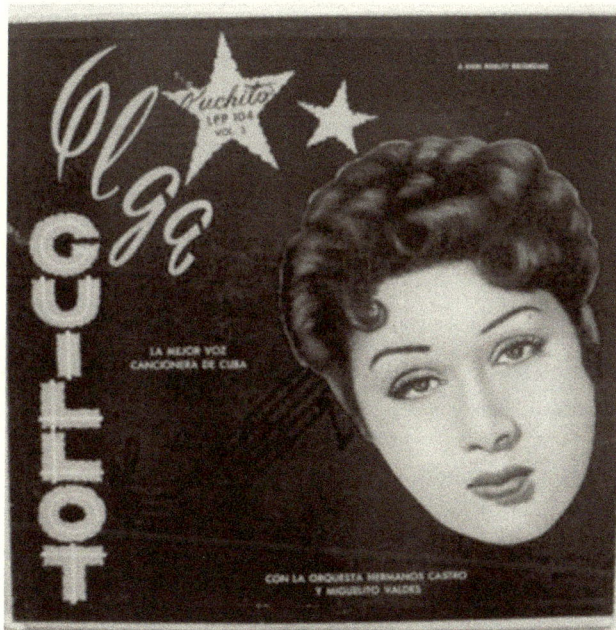

Disco	Título	Género	Autor
Cara A	Qué dirías de mí	Bolero	María Grever
	Dos caminos	Bolero	Francisco Fellove
	No, no puede ser	Bolero	José Slater Badán
	Lágrimas negras	Bolero	Miguel Matamoros
Cara B	Por nuestra cobardía	Bolero	José Antonio Méndez
	Aunque tu me olvides	Bolero	Mercedita Fernández
	No importa si mentí	Bolero	Baz Tabares

Otros fonogramas conservados por la familia

45- 5743 Ansonia Records Inc, New York, USA
Salsa y bistek (Steak with ketchup)   Chachachá   Felo Martínez y Nelson Navarro
Calculadora (The gold Digger)   Chachachá   Felo Martínez y Nelson Navarro

45- 5742 Ansonia Records Inc, New York, USA
Sabrosona (Oh you Doll) / Guaracha / Felo Martínez y Nelson Navarro
Bombon Chá (The bonbon cha cha) / Chachachá / Felo Martínez y Nelson Na-
varro / Rafael Ortiz y R. Egües

45- 5742 Ansonia Records Inc, New York, USA
Vacúnate, mi socio / Guaracha mambo / Ñico Saquito
Nada lo que sea / Guaracha / Manuel Licea (Puntillita) / Enrique Pérez

45-1053   Modiner
Cuando los años pasen / Bolero ranchero / Carlos Díaz / José A. Jiménez
Dos destinos / Danzón / Carlos Prats y Binky / Capitán Chinaco

45- 106 Alta Castro Fidelidad
El sabor de tus besos / Chachachá / Orestes Macías y Binky / M. Matamoros Jr.
Por tu vanidad / Bolero guapachá / Orestes Macías / F. García

45-104 Alta Castro Fidelidad
Mi mambo con chachachá / Chachachá / Coros Orestes Macías y BinkySeverino Ramos (letra, música y arreglos)
Mi gatico Vinagrito / Chachachá / Orestes Macías y Binky / Teresita Fernández
(arreglos Roberto Puentes)

45-514 Corona
Cariñito azucarado / Chachachá / Kino Morán y Orestes Macías / E. Cerón
Danzoneando / Danzón / Kino Morán y Orestes Macías / Memo Salamanca

45- 103 Grabaciones Castro
Me vuelvo un dengue / Montuno oriental / Gil Ramírez / Gil Ramírez (arreglos
de Chepín)
Olvido / Tango guapachá / Gil Ramírez / L. Rubinstein (arreglos de R. Puente)

LP Montilla 501 Dance Date with Hermanos Castro and orchestra , interpretado en su totalidad por Carlos Díaz.

Este disco será editado por varias discográficas: discos Puchito, Lp 501, bajo el título, *Strictly for dancing. Orquesta Hermanos Castro*, donde cantan Carlos Díaz y Juan Polanco; y por Toreador 513. Además, es producido por Sirena, 132, pero atribuido a la orquesta Eddy Lester.

Side one

Cayetano baila	Merengue baion	P. Salazar
Chachachá del ángel	Chachachá	Antonio Castro
Mambo gitano	Mambo	J. Mora
San Antonio	Merengue	J. Polanco
Amanecer cubano	Guajira chachachá	M. Blanco Leonard
Mi nuevo ritmo	Chachachá	R. Aguilar

Side two

Batanga a la española	Batanga	J. Urfé
La basura	Chachachá	J. Zamora
La luna se divorció	Chachachá	R. Aguilar
Adiós, negrita	Merengue	J. Polanco
Un chivirico más	Mambo	R. Márquez
Italian boy	Chachachá	E. Bonne

LP Corona 102, Vacaciones en La Habana. Aparece editado por Kubaney 149 y por LP Musicalia 22-141 Recordando el pasado–Orquesta Hermanos Castro 1950-1960. Cantan: Carlos Díaz, Orestes Macías, Chamaco García y Kino Morán.

Cara A	El amor de mi bohío	Bolero guapachá	Julio Brito
	Sí… eres así	Bolero	M. Castro
	Cariñito azucarado	Bolero guapachá	Herniquillo Cerón
	Me llorarás	Bolero	J. Slater Badán
	La consecuencia	Chachachá	Dora Herrera
Cara B	Coyují	Guapachá	A. Castro
	Tu eres cobarde	Bolero	R. Rosell
	El merecumbé	Merecumbé	Pacho Galán
	No podrás engañarme	Bolero mambo	M. Castro
	Danzoneando	Danzón	Memo Salamanca

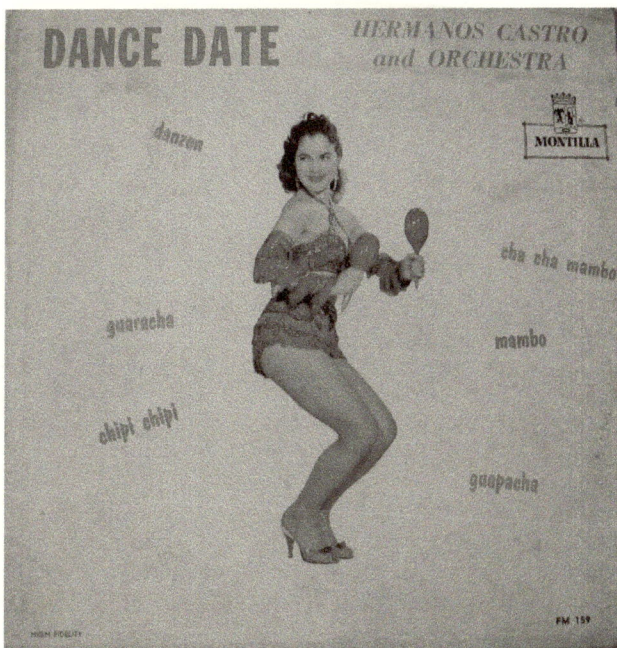

LP MONTILLA 159. *Dance Date with Hermanos Castro and orchestra*. No aparece el intérprete.

Este disco aparece con las mismas canciones en el LP Maype 193 como interpretado Severino Ramos y su orquesta.

Side one

Temeridad	Danzón	M. Jiménez
Señorita luna	Chachachá	E. Casas
Payca	Guaracha	P. Jaimes
El chipi chipi	Chipi chips	G. Rodríguez
Mambo 100	Chachachá Mambo	R. D´Escot
Come prima	Danzonete	-

Side two

Me vuelvo un dengue	Montuno oriental	G. Ramírez
Nena	Danzón	M. Jiménez
Mi gatico Vinagrito	Chachachá	Teresita Fernández
La última noche	Danzón mambo	Boby Collazo

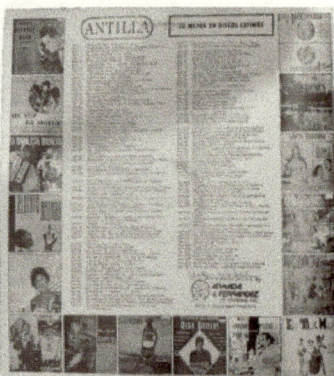

LP Adria 67. *Qué bellas son las mujeres* - Orquesta Hermanos Castro

Chivirico	R. Márquez	Mambo (instrumental)
Fango	Nelson Navarro	Bolero
Qué bellas son la mujeres	Felo Martínez	Mambo
Quién será	P. Beltrán	Mambo
Vicio de oro	Nelson Navarro	Bolero moruno
Hoy que te olvido	Nelson Navarro	Mambo
Ambición	E. Muñoz	Bolero
Guarapo -	Mambo	
Dos almas sin destino	Nereida Bolero	
Al amanecer	J. Slater Badán	Bolero mambo

CD *Época Dorada Records. Fiesta en el aire- En vivo- CMQ*
La instrumentación de la Orquesta Hermanos Castro aparece en tres números:

El chipi chipipor Oreste Macías
Dos Almas sin destino Felo Martínez
Guarapo Felo Martínez

Grabaciones de la Orquesta con la voz de Eddie Urquía en las décadas de los treinta y los cuarenta.

Panamá	Ernesto Lecuona	Conga
Alegre conga	Miguel Matamoros	Conga
Ponte dura	-	Conga
La-Si -Do	Eliseo Grenet	Conga
La perseguidora	Bienvenido J. Gutiérrez	Guaracha
Pobrecito Ismael	-	Guaracha

Otras grabaciones. Otros intérpretes[30]

Toda una vida	O. Farrés	Carlos A del Casino	Bolero
Gozar en el bote	Jesús Guevara	Orlando Planas	Guaracha
Inolvidable	Julio Gutiérrez	Wilfredo Fernández	Bolero
Qué me importa	Mario Fernández P.	Carlos A del Casino.	Bolero
Hoja seca	Mario Fernández P.	Carlos A del Casino.	Bolero
Amar y vivir	Chelo Velásquez	Carlos A del Casino	Bolero
Ya no me acuerdo	Mario Fernández P.	Carlos A del Casino	Bolero
Confidencia de amor	G. Lombida	Carlos A del Casino	Bolero
Miedo de ti	Isolina Carrillo	Carlos A del Casino	Bolero
Tuya	-	Dinorah Nápoles	Bolero
Un gran amor	-	Dinorah Nápoles	Bolero
Tu felicidad	René Touzet	Wilfredo Fernández	Bolero
No vuelvo contigo	Mario F. P.	Wilfredo Fernández	Bolero
Amor y mambo	-	Dámaso Pérez Prado	Mambo
María Cristina	-	Dámaso Pérez Prado	Mambo

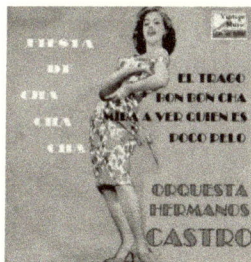

---

30. Información proporcionada por el músico Senén Suárez.

Partituras

Conservadas por la familia, con toda la información adicional que puedan aportar.

Papito / guaracha.
Letra y música de Hilario Ariza y Antonio Castro

Juan, el loco / guaracha
Letra y música de Hilario Ariza y Antonio Castro
Editado por Antonio Castro en Consulado 207, Habana, Cuba
Mambo Ideal / mambo samba, intsrumental
Letra y música de Manolo Castro y José Slater Badán
Arreglos de Juan Santamaría
Nota: con voz opcional

Samba son / cancionera
Letra y música de Manolo Castro y José Slater Badán

La dicha de hallarte / bolero.
Letra y música de Manolo Castro y José Slater Badán
Arreglos Manolo Castro

30/1/1962
Volumen Cancionero
No podrás engañarme / bolero mambo
Letra y música de Manolo Castro
Arreglos (en dos partituras diferentes): Rolando Baró y Severino Ramos

Recuerdo tu canción / bolero
Letra y música de Manolo Castro
Arreglos: Severino Ramos

Inevitable / bolero
Letra y música de Manolo Castro
Arreglos: Manolo Castro
* También aparece con arreglos para piano

Con Carlota / son montuno
Letra y música de Manolo Castro
Arreglos para guaracha: Severino Ramos
Adaptación para voz y piano: Rey Díaz Calvet
Copista: Emiliano Gil
Canta: Carlos Díaz

Escucha Nena / mambo guapachá
Letra, música y arreglos de Manolo Castro
Transcripción: Puntilla, Orlando Ríos
1ro./enero/ 1963
Me esconde el corazón / bolero moruno
Autores: Manolo Castro y Servando Mosquera
Arreglos de Manolito Méndez
Junio/1963

Desafío / canción
Letra de Gaspar Arias
Música: Manolo Castro
Editada por Havana Music Suplí Co.
R.M. de Labra (Águila) No. 85, Habana, Cuba

Sigue bailando / guaracha
Letra y Música de Manolo Castro y José Slater Badán
Año 65
Ediciones musicales Consulado No. 108 Habana, Cuba

Discos Billo
Sambason / guaracha samba
Letra y Música de Manolo Castro y José Slater Badán
Arreglos: Severino Ramos
Ediciones: RCA Victor

He perdido / bolero
Letra y Música de Manolo Castro y José Slater Badán
Ediciones: The Royal Bank of Canadá

Viene arrollando / guaracha conga

Letra y Música de Manolo Castro y José Slater Badán
11/febrero/1966

Bueno, ai opiniones / intro

Qué bueno está / Chachachá
Autor: Antonio Castro
Bolero
Letra y Música de Manolo Castro y José Slater Badán
Editado en Malecón No. 107
Apartado No. 2391, Habana. Sociedad Cubana de Autores Musicales

Mañana, tal vez / bolero para piano
Letra y Música de Manolo Castro y José Slater Badán

Por qué no cedes / bolero
Letra y Música de Manolo Castro y José Slater Badán

Cuando no estás / bolero.
Letra y Música de José Slater Badán

Pá los niños

Quiero seguridad / guaracha
Letra y Música de José Slater Badán
Transcripción: Severino Ramos

Si quieres vete / bolero
Letra y Música de José Slater Badán y José González
Arreglos: Manolo Castro

Dime qué hacer
Autor: Juan Gil
Instrumentaciones y Copias: Tomás Vázquez
20/mayo/1962

Soy tu ley
Autor: Luis Godinez Ortiz

Celos / para piano
Autor: Luis Godínez Ortiz

Me dirás / bolero mambo
Letra y Música de Manolo Castro y José Slater Badán

Cabellera de ámbar / canción bolero
Música: Manolo Castro
Arreglos para piano: Osvaldo Estivill
9/julio/1957

Aunque seas perversa / bolero
Letra y Música de Manolo Castro y José Slater Badán
Arreglos para trompetas: Niño Rivera
10/noviembre/1953

La mantilla se botó / guaracha o montuno
Letra y Música: Félix Cárdenas
Arreglos: Severino Ramos
Editado en Pocito No. 158, Víbora

Aquí rayando
Letra y Música de Manolo Castro y José Slater Badán

Qué suave / mambo chachachá
Letra y Música de Manolo Castro
Arreglos de Severino Ramos

En las tinieblas / bolero tango
Letra y Música de Alfredo Gil
Publicada por Peer y Compañía. S.L.
Compostela No. 927 apartado 2884, Habana, Cuba

Recuerdo tu canción / bolero tropical /bolero rítmico
Letra y Música de Manolo Castro
Arreglos (en diferentes partituras): Ramón Prats y Manolo Castro
Severino Ramos, y Severino Ramos y Manolo Castro

No puedo darte más que amor / bolero
Letra y Música: Manolo Castro
Arreglos Rolando Baró

Eres igual / bolero
Letra y Música de Manolo Castro
Arreglos: Niño Rivera

Equivocada / guaracha
Letra y Música de Manolo Castro
Arreglos: Peruchín
Cuño: Tomás Vázquez Figueredo
Ave. 33-A, No. 6211, Marianao, Habana- Cuba
Copia a Regino Tellechía

Anótalo / son montuno
Autores: Slater, Garrucho y Águila
* Aparece, sin tachar, en el encabezado de la partitura: **Escucha Nena**

La última noche para dos pianos
Editado en Cuba, por Peer y CIA, SL, en 1958, Habana, Cuba

Otros títulos:

Bikini amarillo, de Pío Leiva
Siempre vivirás, de Martha Gugtimary
Marinero somos, de Pepe Longarela.
Tengo el corazón herido, de Pepe Delgado.

Sin firmas:

Por qué no
Canta lo sentimental
Mientras duermes
Ritmo para ti
Flor de Yumurí, dedicado a Manolo Castro.

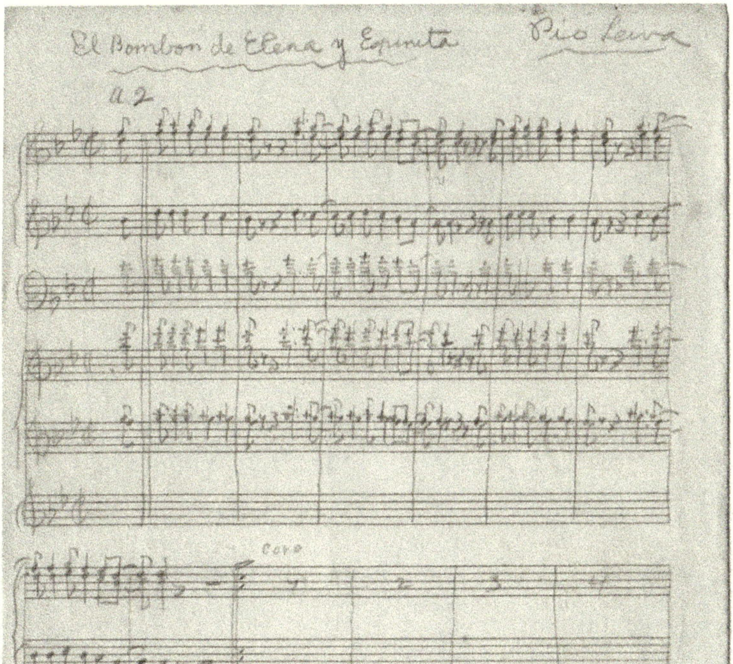
El Bombon de Elena y Espinita
Pio Leiva
a 2
Coro

Si dices
Bolero

Piano

Arr. de
Enriqueta Almanza:

M. de Manolo Castro
L. de S. Mosquera

212

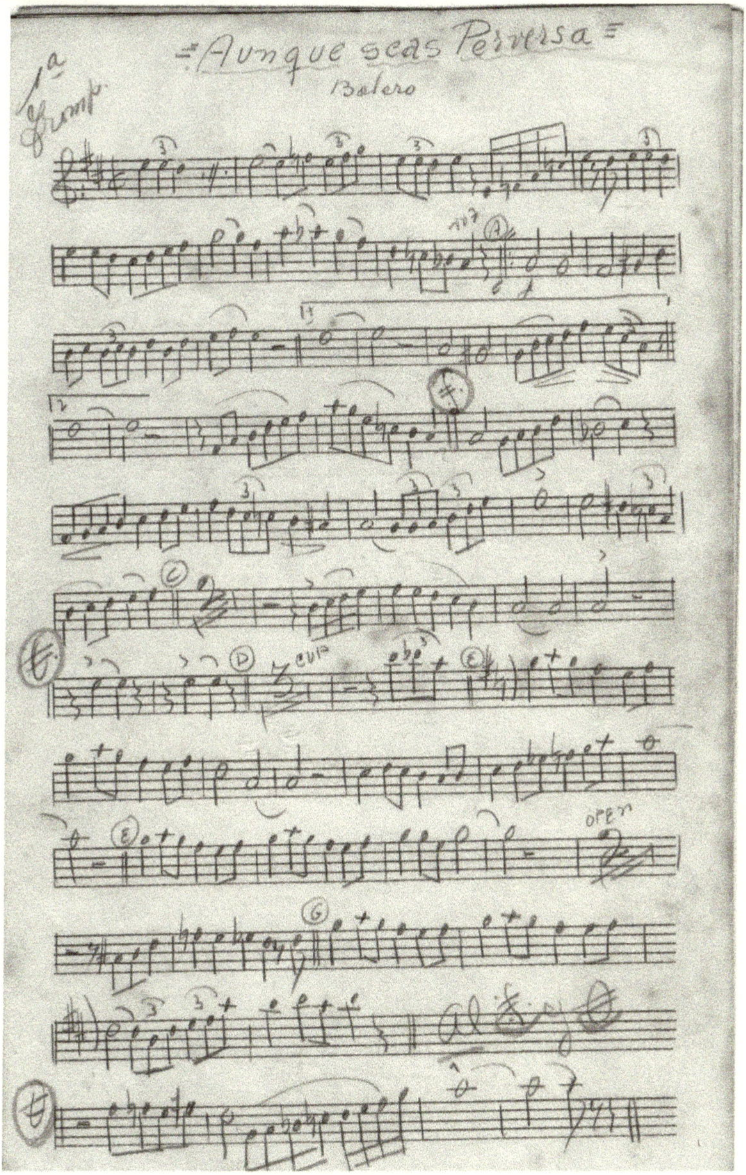
Aunque seas Perversa
Bolero
1a Tromp.
A
C
D
E
G
OPEN

Aunque seas Perversa

bolero-

E g an Jose Slater Badan

Manolo Castro

an Niño Rivera

BIBLIOGRAFÍA

Acosta, Leonardo: «Jazz afrocubano y afrolatino: etapas y procedimientos estilísticos». *Clave*, revista de música cubana, La Habana, Cuba.

_____: *Descarga cubana: el jazz en Cuba. 1900-1950.* Ediciones Unión, La Habana, Cuba, 2000.

_____: *Música y descolonización.* Arte y Literatura, La Habana, Cuba, 1982

Alén Rodríguez, Olavo: «Una historia de la tumbadora», *Pensamiento musicológico.* Letras Cubanas, La Habana, Cuba, 2006. p.p. 179-180.

Barnet, Miguel: *Autógrafos cubanos.* Editorial Letras Cubanas, La Habana, Cuba, 2009.

Brouwer, Leo: *La música, lo cubano y la innovación.* Editorial Letras Cubanas, La Habana, Cuba, 1982.

Contreras, Félix: *La música cubana, una cuestión persona*, Union, La Habana, Cuba, 1999.

Delannoy, Luc: *¡Caliente! Una historia del jazz latino.* Fondo de cultura económica, México, 2001.

Díaz Ayala, Cristóbal: *Cuando salí de La Habana. 1898-1997.* Cien años de música cubana por el mundo, Editora Centenario, San Juan, Puerto Rico, 1998.

Díaz, Clara: «Encuentro con Armando Romeu. Decano del jazz en Cuba». *Clave*, revista de música cubana, La Habana, Cuba, 2004.

Don Galaor: «Cómo viven, cómo trabajan: Los Hermanos Castro nacieron en Guanabacoa». *Bohemia*, La Habana, Cuba, 1939

Fajardo Estrada, Ramón: Rita Montaner. Testimonio de una época, Ed. Fondo editorial Casa de las Américas, La Habana, Cuba, 1997.

Fernández-Larrea, Ramón: *Kabiosiles. Los músicos de Cuba,* Linkgua ediciones SL, Barcelona, España, 2005.

García Alonso, Maritza: *El ámbito musical habanero de los 50*, Ed. Centro de Investigación y Desarrollo de la Cultura Juan Marinello, La Habana, Cuba, 2005.

Giro, Radamés: *Diccionario Enciclopédico de la música en Cuba*, Tomo I. Letras Cubanas, La Habana, Cuba, 2009.

_____: *Diccionario Enciclopédico de la música en Cuba*, Tomo II. Letras Cubanas, La Habana, Cuba, 2009.

_____: *Diccionario Enciclopédico de la música en Cuba*, Tomo III, Letras Cubanas, La Habana, Cuba, 2009.

_____: *Diccionario Enciclopédico de la música en Cuba*, Tomo IV, Letras Cubanas, La Habana, Cuba, 2009.

González, Reinaldo: *El más humano de los autores*. Ediciones Unión, La Habana, Cuba, 2009.

González, Waldo: «Eres Sensacional», *Tropicana Internacional*, no. 13, La Habana, Cuba, 2003.

Guerra, Irina: «A paso de banda y golpe de percusión cubana». Instituto Superior de Arte, La Habana, Cuba, 1999.

Kundera, Milán: *El libro de la risa y el olvido*. Editorial Seix Barral SA, Bogotá, Colombia, 1987.

LAM, Rafael: «Daniel Santos en La Habana». Tropicana Internacional, no. 17, La Habana, Cuba, 2004.

LOYOLA, José: «El bolero. Navegante sin naufragio». *Tropicana Internacional*, no. 8, La Habana, Cuba, 1999.

Malagón, Juan Carlos: «La Big Band en Cuba. Entre rumbas y lentejuelas». *Clave*, revista de música cubana, La Habana, Cuba, 2004.

MARTÍNEZ Rodríguez, Raúl: «Tropicana. La canción». *Tropicana Internacional*, no. 17, La Habana, Cuba, 2004.

MARTÍNEZ, Mayra: «Toda la música popular» *Revolución y Cultura*, no. 130, La Habana, Cuba, 1983.

NÚÑEZ, Luis César: «Su majestad el bolero». *Tropicana Internacional*, no. 8, La Habana, Cuba, 1999.

OREJUELA Martínez, Adriana: *El son no se fue de Cuba. Claves para una historia 1959-1973*, Ed. Letras Cubanas, La Habana, Cuba, 2006.

OROVIO, Helio: *Diccionario de la música cubana*, Editorial Letras Cubanas, La Habana, Cuba, 1981.

PETINAUD Martínez, Jorge: «En su aniversario 85. Evocación del Niño Rivera». *Tropicana Internacional*, no. 17, La Habana, Cuba, 2004.

REYES Fortún, José: «EL jazz en la fonografía musical cubana». Tropicana Internacional. No. 33, La Habana, Cuba, 2007.

SIN Autores: «El jazz band en Cuba (1938-1952): un caso singular del proceso de transculturación en la música cubana». Instituto Superior de Arte, La Habana, 2002

Periódicos

FONTANILLS, Eduardo: Nota de Prensa, *Diario de la Marina*, La Habana, Cuba, lunes 17 de febrero de 1947.

LONGORIA: *Heraldo de Cuba*, miércoles 29 de octubre de 1930.

Nota del Editor: «Una Nueva Típica Cubana "Hermanos Castro" va a la conquista de Broadway». *El Mundo*, La Habana, sábado 16 de abril de 1931.

Nota de Prensa: «Notas cubanas en Nueva York». *El país*, Nueva York, 18 de mayo de 1931.

Nota de Prensa: «Notas cubanas en Nueva York» *El país*, Nueva York, 2 de julio de 1931.

Nota de Prensa: «Regresan en triunfo». *El mundo,* La Habana, miércoles, 9 de septiembre de 1931.

Nota de Prensa: «Los Hermanos Castro, músicos cubanos que tocaban a bordo del Bergenland, cuando desapareció Fujimura». *El País,* martes, 15 de septiembre de 1931.

Nota de Prensa: «Hermanos Castro en Puerto Rico». *El Mundo*, San Juan, Puerto Rico, jueves, mayo 4 de 1933.

Nota de Prensa: «La orquesta de los Hermanos Castro». *El Mundo*, San Juan, Puerto Rico, sábado, 6 de mayo de 1933.

Roberto: «Día de las madres». *El Mundo*, La Habana, Cuba, mayo 14 de 1933.

Nota de Prensa: *El Mundo*, La Habana, Cuba, martes 4 de septiembre de 1934.

Nota de Prensa: «Debut de la famosa Orquesta Hermanos Castro». *El país*, septiembre, 11 miércoles, La Habana, Cuba,1935.

Nota de Prensa: «Grupo de artistas y la prensa capitalina». *La Nación*, Caracas, Venezuela, 20 de diciembre de 1945.

Nota de Prensa: *La Esfera*, no. 6.727, Caracas, Venezuela, viernes 21 de diciembre de 1945.

Nota de Prensa: *Últimas Noticias*, Caracas Venezuela, lunes 31 de diciembre de 1945.

Nota de Prensa: El Nacional, Caracas, Venezuela, domingo, 20 de enero de 1946.

Nota de Prensa: «Hotel Club Tropical». *El Nacional*, Caracas, Venezuela, sábado, 9 de febrero de 1946.

Nota de Prensa, *El Nacional*, Caracas, Venezuela, domingo 24 de febrero de 1946.

Nota de Prensa, *El crisol*, La Habana, Cuba, 1946.

Nota de Prensa: «Gala de la temporada». *Diario de La Marina*, La Habana, Cuba, jueves 19 de diciembre de 1946.

Nota de Prensa: «Anuncio de Año nuevo». *El Avance Criollo*, La Habana, Cuba, 30 de diciembre de 1946.

Nota de Prensa: *Diario de La Marina*, La Habana, Cuba, domingo 9 de febrero de 1947.

Nota de Prensa: *Diario de La Marina*, Magazine ilustrado Teatros, Cines, shows, night clubs, ect., La Habana, sábado, 15 de mayo de1948.

Nota de Prensa: *Diario de La Marina*, Magazine ilustrado Teatros, Cines, shows, Night Clubs, ect., La Habana, sábado, 29 de enero de 1949.

Nota de prensa: «Música a todas horas en el Casino Deportivo de La Habana», *El país*, La Habana, 13 de agosto de 1949.

Nota de Prensa: *Excelsior-El país*, La Habana, viernes 16 de diciembre de 1949.

Nota de Prensa: «Promoción de Radio Progreso», *Prensa Libre*, La Habana, noviembre 12 de 1949.

Nota de Prensa: «Promoción de Radio Progreso», *Prensa Libre*, La Habana, viernes, 5 de febrero de 1954.

Nota de Prensa: «Un nuevo éxito de la Onda de la Alegría», *Prensa Libre*, La Habana, martes, 12 de enero de 1954.

POSADA, Joaquín de: Crónica social. *El avance criollo*, año 13.- no. 23, La Habana, 27 de enero de 1947.

PACOPÉ: «La entrevista del lunes, Hits Radial», *Prensa Libre*, La Habana, martes, 8 de diciembre de 1953.

RIBOT, Agustín: «Charlando con los Hermanos Castro». *Pentagrama*, La Habana, nov.–dic. de 1955.

Sitios web

http://www.aligaStore.com/recherchersurinternetvoslivres, CD et DVD et acheter dans le magasinphysique.html

http://www.alphamusic zu 'orquesta hermanos castro'.html

http://www.amazon_com - Query Results.html

http://www.amazon_com Music Coleccion Rca 100 Años De Musica_New1.html.

http://www.andrew James - Latin Music Article Resource.htm.

http://www.añil - Afrocubano vs Afrocaribeño/11 de mayo de 2000.

http://www.worldmusiccentral. artist_page_span.php.html.

http://www.elnuevodiario.com.ni/archivo/1999/marzo/09-marzo-1999/opinion/opinion2.html.

http://gislab.fiu.edu/smc/bibliografia.html.

http://www.evocables.com/biografias/Granda.htm.

http://www.caravan_may11.shtml.html.
http://www.catalogue-main2.php.html.
http://www.dedondeson.php.html
http://www.e-ciudadmasbailadora.html
www.mariaargeliavizcaino.com
http://www.e-Memoriasdeunbailador.html
http://www.FIU Libraries -- Encyclopedic Discography of Cuban Music 1925-1960.html
http://www.Fonoteca Municipal - Catálogo.html
http://www.jazzreviews July2000-Dec2002 Musicweb(UK).html
http://www.musicalafrolatino.com
http://www.laesquinadeljazz.html
http://www.laprensaweb.html
http://www.musiccds.columbiarecordslabel.html
http://www. Sonora Matancera -- Septiembre de 2003 -- Latina Stereo.
http://www. The Latin Jazz Network - Special Feature - JAZZ LATINO Una propuesta inconclusa.htm
Valdés, Miguelito MusicWeb Encyclopaedia of Popular Music.htm

Otras fuentes

- Programa de Teatro Encanto, La Habana, Cuba, 1930.
- Programa de Teatro Principal de la Comedia, Recitales Populares, Eugenia Zuffoli, 1930.
- Program Ward Line, september 6th, New York, Estados Unidos, 1931.
- Menú del Bergenland, Opening Race Meeting, 1931.
- Programa del Teatro La Caridad, Villa Clara, Cuba, lunes 11 de enero de 1932.
- Programa Teatro Paramount, San Juan, Puerto Rico, martes 6 al lunes 12 de junio de1933.
- Correspondencia a Dr. de la Orquesta Hermanos Castro, Gurabo, Puerto Rico. 8 de julio de 1933.
- Suelto promocional del Teatro Rialto, viernes 14 de julio, Puerto Rico, 1933.

- Texto de la nota del disco The Music of Cuba. 1909. Columbia. 2000.
- Liquidación de Taquilla, Teatro Victoria, Puerto Rico, sábado, julio 15 de 1933.
- Programa de baile, Colonia Española de Esperanza, La Habana, Cuba, 7 de mayo de 1938.
- Invitación. Almuerzo de Confraternidad ESSO, La Habana, Cuba, 31de enero de 1943.
- Invitación. Baile en el Casino Deportivo, La Habana, Cuba, 23 de junio de 1943.
- Menú Unión Piloñesa, Banquete Homenaje a sus Asociados, La Habana, Cuba, junio 27 de 1943.
- Invitación a Sociedad Liceo Batabanó, La Habana, Cuba, 9 de octubre de 1944.
- Modelo No. 6 (circunstancial) Visto Bueno de transeúnte, La Habana, Cuba, 20 de diciembre de 1945.
- Catálogo promocional del Hotel Club Tropical, San Juan, Puerto Rico, 1947.
- Programa – Menú: Hotel Club Tropical, temporada 1945- 46, Navidad, Año Nuevo y Carnaval, San Juan, Puerto Rico.
- Tarjeta Postal de Lecuona a Manolo Castro, Barcelona, España, 25 de julio de 1960.

Entrevistas

© Castro, Maribel; hija de Andrés Castro Hidalgo, el menor de los hermanos.

© Castro Rodríguez, Silvia: hija de Manuel Castro Hidalgo.

© Contreras, Félix: periodista y musicólogo. Su producción literaria ha estado en función de la música cubana.

© Fornés, Rosita: actriz y cantante, quien grabó con la Orquesta en discos Puchito.

© Giro, Radamés: investigador. Autor del *Diccionario Enciclopédico de la Música Cubana.*

© Jorge, Jorge: administrador del casino del Hotel Nacional.

© León, Ricardo: percusionista de la Orquesta, desde 1949.

© Macías, Orestes: cantante de la Orquesta en la década de los cincuenta.

© Llanes, Benitico: trompetista de la Orquesta Hermanos Castro en la década de los cincuenta.

© Suárez, Senén: compositor, tresero y guitarrista.

© Orovio, Helio: músico e investigador, autor, entre otros títulos, del *Diccionario de Música cubana.*

© García, Israel: cantante de la Orquesta por un breve período de tiempo en el año 56.

María Matienzo Puerto

Narradora y periodista independiente en La Habana desde donde ha trabajado en los sitios independientes *Havana Times, Diario de Cuba, Revista Voces, ADNCuba* y le han publicado en *Hypermedia Magazine, Diario de las Américas* y en el periódico *El Tiempo* en Colombia. Publicó una selección de reportajes, *Apocalipsis Habana (americans are coming),* con la editorial española, Sarmancanda.

Mientras, la Editorial Hurón Azul le ha publicado un par de cuentos en la antología *Alamar te amo* y una novela, y una novela este mismo año, *Elizabeth aun juega a las muñecas.* En la revista mexicana, *Papeles de la Mancuspia,* un cuento; en *Otro Lunes,* en Alemania, otro cuento; y en Cuba, varios *Mientras recuerdo al Secretario del Partido* en la editorial Abril, entre otros en otras editoriales, además de un ensayo sobre *Cuentos Fríos de Virgilio Piñera* fragmentado en tres revistas nacionales: *Matanzas, El mar y la montaña* y *El caimán Barbudo.*

Actualmente es directora de la colección de literatura infantil PIO TAI de la editorial Hurón Azul y periodista del medio independiente, *Cubanet.*

Otros títulos

El autor nos entrega una semblanza biográfica de este singular hombre en un libro donde podremos hallar esencialmente, en cuerpo y espíritu, los derroteros de un músico popular excepcional.

Faustino Oramas, El Guayabero, suma la picardía al decir de la trova. Picardía que no es sinónimo de bajeza o fraudulencia sino audacia e inteligencia para sacar el mejor provecho de situaciones adversas. Hay que decir que pocos autores de la música popular han tenido, como Faustino Oramas, la facilidad de recursos, la gracia y la imaginación para el manejo de situaciones peliagudas con lenguaje simple pero debidamente escogido de modo que provoque la chispa de humor sin grosería.

- -

«Casi nadie lo conoce por su verdadero nombre. Sin embargo, cuando se habla de El Guayabero viene a la mente de todos los cubanos su peculiar estampa y el criollísimo humor de sus canciones.

Faustino Oramas es por ello, tal vez, el último representante de aquella generación de soneros que vivieron de la música y para la música, y supieron transmitir a su obra la idiosincrasia del cubano, que siempre se reconoce en las canciones de este juglar oriental».

Leonardo Padura

«El Guayabero es un genio popular cuyas características, muy especiales dentro de la música popular cubana, no pueden clasificarse en una tendencia determinada. Creo que, desgraciadamente, no habrá otro como él».

Pablo Milanés

«Él es un tresero popular de tumbaos, que utiliza un diseño melódico rítmico muy reiterado, en cuya célula más elemental radica el sabor cubano».

Pancho Amat

FAUSTINO ORAMAS · EL GUAYABERO

Zenovio Hernández Pavón

FAUSTINO ORAMAS
EL GUAYABERO
REY DEL DOBLE SENTIDO

Zenovio Hernández Pavón

Los más importantes estudiosos de la música cubana incluyen la guaracha dentro del complejo del son, pero no se debe perder de vista que la guaracha brinda una importante contribución a la prestación del son como género ni como también a otras expresiones de la cultura en nuestro continente, por eso en estos músicos un tan apreciado el legado del rey de la guaracha o el guarachero de Cuba, como muchos denominan a con sartisquen renixo que fue Nico Saquito.

Benito Antonio Fernández Ortiz, Nico Saquito, fue uno de los más notables artífices de la trova del son o trova intermedia, que para suerte de quienes gustan de la música con humor, se transformara en un estilo o tendencia aún vigente y por magníficos cultores, aunque no tante auge en papel gerindo esplendoroso que a partir de la década de 1920 iniciara Miguel Matamoros.

Tenemos la satisfacción que este libro llegue a los lectores interesados en conocer un poco más de las peripecias y satisfacciones de la vida de ese inventor singular, así como de su obra prolífica y trascendente que no se limita a la guaracha, pues dejó un rico catálogo que expresaron en el ámbito sea objeto de estudio de musicólogos y otros especialistas consecuencia en valía y el lugar privilegiado que en la historia musical cubana genera su creador.

Paso a paso se fue gestando este libro en historia, por el escritor e investigador Zenovio Hernández Pavón y Alejandro Fernández Ávila, viejo del compositor. Reseña biográfica, selección de textos de canciones, testimonios gráficos, publicaciones periódicas, entrevistas y otros materiales anexos, es lo que al lector encontrará del autor de «María Cristina», «Cuídadito, compay gallo», «Al vaivén de mi carreta» entre las cerca de setecientas composiciones del guarachero.

NICO SAQUITO · EL GUARACHERO DE CUBA

ÑICO SAQUITO
EL GUARACHERO DE CUBA

ZENOVIO HERNÁNDEZ PAVÓN / ALEJANDRO FERNÁNDEZ ÁVILA

PASIÓN DE RUMBERO

PASIÓN DE RUMBERO

Entrevistas, anécdotas, crónicas, testimonios, reseñas y fichas con datos de rumberos

María del Carmen Mestas

Este libro es, sobre todo, un homenaje a todos los rumberos cubanos que en distintas épocas han contribuido a engrandecer el género. Hay que sentir verdadera pasión por la rumba para escribir algo así, a ritmo de tambor bailan los recuerdos a través de testimonios de primera mano recogidos durante más de cincuenta años a personajes de la talla de Mañungo, el Rafael Ortiz del 1,2,3..., la conga más famosa del mundo, a Tío Tom porque a esta fiesta de caramelos si pueden ir los bombones o a Petrona, orgullosa de haber nacido en la Timba, la hermana de Chano Pozo, bebe de la fuente original y nos brinda un valioso documental para saciar nuestra insaciable sed por la música cubana. Como es mujer, la autora, no olvidó a la mujer rumbera, tan preterida, tan maltratada hasta por el propio ritmo y los propios rumberos, aquí estamos con Nieves Fresneda, Merceditas Valdés, Celeste Mendoza, Teresa Polledo, Natividad Calderón, Manuela Alonso, Zenaida Almenteros, Estela, con Yuliet Abreu, La Papina, representantes de la nueva generación. Y si de juventud y relevo se trata hay que resaltar en esta edición la inclusión de las generaciones actuales de rumberos, los encargados de seguir el legado y mantenerlo vivo, fresco en los bailadores en estos tiempos de reguetón. Aquí también están Iyerosun, Timbalaye, Osaín del Monte y Rumbatá.

Y ya el Benny no podrá lamentarse en su centenario de la muerte física: *Qué sentimiento me da, cada vez que yo me acuerdo de los rumberos famosos... volveremos a ir a la rumba con Malanga...* con Chano y con María del Carmen Mesta, porque la rumba tiene nombre de mujer.

UNOSOTROS

Kabiosiles
Los músicos de Cuba

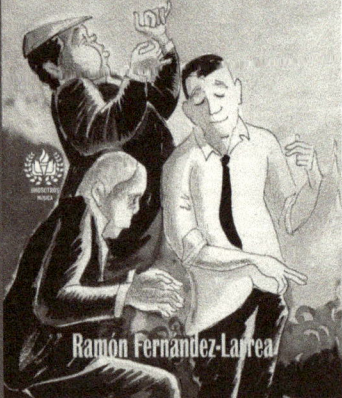

KABIOSILES
LOS MÚSICOS DE CUBA

Ramón Fernández-Larrea

Aquí están reunidos sesenta y seis retratos de nuestros dioses terrenales: los músicos de Cuba. Esos que andan en nuestra memoria, en nuestra piel y en la niebla de nuestra identidad. Son los rostros que conforman nuestro ADN sonoro. Estos «Kabiosiles», son saludos desde lo más profundo del corazón.

Vicentico, Benny Moré, Rita, La Lupe, Bola de Nieve, Celia Cruz, Machín, Arsenio Rodríguez, son algunos nombres en ese mapa de lo que somos. Porque, como escribió el poeta Ramón Fernández-Larrea, el autor de este libro: «Bajo la noche catalana, en las calles de melancolía de París, en viejos pueblos volcánicos de Canarias tengo una luz. De esa luz baja una lluvia como un son espléndido como la vida, con guiños de mujer y olores que me mecen, y el alma se divierte y se expande, y es la única razón que nos une y nos abraza a todos por igual. A tristes y serenos, a poetas y amargados, a viudos y cumbancheros, a cercanos y lejanos. Los que siempre nos encontraremos en el único mar de nuestros sueños reales.

UNOSOTROS

ROBERTO FAZ MONZÓN
EL MEJOR SONERO BLANCO

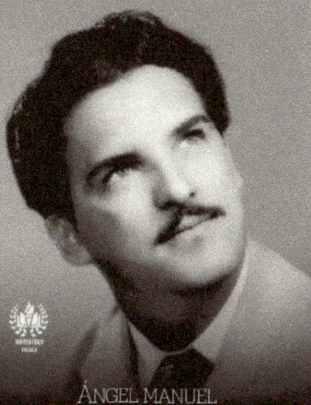

ÁNGEL MANUEL

El autor atraviesa la Bahía de La Habana para llegar a Regla, la tierra de Roberto Faz, músico cubano que tuvo una gran popularidad en los años cincuenta y sesenta como cantante y director de su Conjunto. Allí entrevista a familiares, músicos y amigos del sonero para lograr plasmar la trayectoria artística y de vida de uno de los nombres indispensables en la historia de la música popular cubana.

Faz en sus inicios, participó de varias orquestas y conjuntos destacando sobre todo como cantante del Conjunto Casino. Es considerado uno de los vocalistas más versátiles y mejor afinados de la Isla como su contemporáneo Benny Moré. Entre sus éxitos están: Compresión, Desdén, Quiéreme y verás, Realidad y fantasía, A romper el coco, Que se corra la bola, Como vivo en Luyanó, Cositas que tiene mi Cuba, Pintaré los labios María, Dengue de la caña, Dengue del pollo, Dengue en Fa. Sus famosos apegaditos en aquellos memorables emociones, viven en el recuerdo de los amantes del bolero que tienen en Roberto Faz a una de sus más auténticas voces.

«...como sonero extraordinario, fue el primer blanco en cantar sones»

MIGUELITO CUNÍ

«el mejor sonero blanco que dio Cuba»

TITO GÓMEZ

«Uno de los grandes valores, su nombre está al lado de Benny Moré y otras grandes figuras»

ROBERTO ESPÍ

UNOSOTROS

(Spine) ROBERTO FAZ MONZÓN. EL MEJOR SONERO BLANCO. ÁNGEL MANUEL

Roxana M. Coz Téstar

RUMBERAS MATANCERAS
UN CANTO A LA MEMORIA

Entre guajiacos y soponas las mujeres se atrevieron a contar su existencia a ritmo de rumba, de celebraciones en esos barrios con olor a río y sabor a puerto. Ellas fueron verdaderas guerreras que rodeadas por sus descendientes inculcaron amor por la tradición. Con la fuerza de una sacudida de hombros evitando el «vacunao», así hemos querido alejar el polvo y el olvido de autoras que hicieron, de la rumba matancera, una historia increíble.

Que canten las mujeres es el canto que da inspiración al presente libro, era ese el llamado urgente que realizara Estanislá Luna en su creación, un llamado a la participación de la figura femenina, en el pleno derecho de expresarse y ser escuchada. *Rumberas matanceras: Un canto a la memoria* es un homenaje a todas aquellas que se atrevieron a contar su historia a golpe de rumba, que hilvanaron sus tristezas y alegrías, que unieron sus voces y vidas en las celebraciones al calor de sus humildes hogares. Es un homenaje a las que cantan hoy y a quienes lo harán mañana, a las que se aferran a la vida con la convicción de proyectar una realidad más justa, a las que se atreven a desafiar con toques de batá la mirada juiciosa de quien se empeña en limitar la capacidad creativa y creadora, ese binomio ideal que distingue el quehacer constante de las rumberas matanceras.

Sin dudas, mucho se ha contado sobre la rumba, sin embargo, la presencia de la mujer rumbera aún está por escribir. Por vez primera, el devenir de estas mujeres se aborda a través de una perspectiva musicológica, sociocultural y de género. Con este libro la autora intenta abrir una nueva página dentro del relato histórico de la rumba cubana.

UNOSOTROS

(Spine) Roxana M. Coz Téstar — Rumberas matanceras. Un canto a la memoria

Andrés Echevarría Callava, Niño Rivera

El Niño Rivera, uno de los treseros más importantes de la historia de la música cubana, fue un innovador, vanguardista, uno de los compositores y arreglista más importante de su tiempo. Su obra «El Jamaiquino» se convirtió en un *standard* de la música cubana.

CHUCHO VALDÉS

Esta es la historia de uno de esos pioneros que hoy se describen como progenitores de la música cubana, y de su extraordinaria y productiva vida. El libro recoge momentos importantes de la vida del Niño, en su trabajo y su colaboración con numerosos conjuntos y solistas como tresero, arreglista, transcriptor y director. La autora presenta con sustentados detalles la contribución del músico al género mundial más conocido de la música cubana —el son—, con un análisis enfático de otro género surgido en Cuba: el *feeling*.

NELSON GONZÁLEZ

La creación de este documento histórico, que contribuirá a poner el nombre de Andrés Echevarría Callava, el Niño Rivera, en el lugar que merece dentro de la lista de los imprescindibles de nuestro mundo musical.

PANCHO AMAT

UNOSOTROS

spine: El Niño con su tres — Rosa Marquetti Torres

Andrés Echevarría Callava, Niño Rivera
El Niño con su tres
Rosa Marquetti Torres

RAMÓN FAJARDO ESTRADA

RITA MONTANER

TESTIMONIO DE UNA ÉPOCA

Rita Montaner, testimonio de su época, lo considero un libro aleccionador, porque al corporarlo a luz mi más poderoso deseo: funcionan que aquí y regias debiera cualtivaciones que, en mi opinión posee esta obra.

El primero es la fidelidad histórica. (...) En segundo lugar, la acertada captación del entorno que recrea a la Montaner (...) la justa apreciación de la personalidad de la Montaner, a quien muchos del pueblo nada más conocían como la bella estaba que vació partes en la interpretación de melodías afrocubanas y llevaba a los máximos planos de popularidad sus personajes de la radio, el teatro y la televisión (...). Y la valiosa información que aporte de testimonios se plasman en el libro a través de programas, fotografías y otros materiales investigativos para lograr esa siempre ideal de la inolvidable artista.

CAMILO OCHOA LEYVA

Rita la única, Rita de Cuba, Rita del Mambo.// Para mí, sencillamente, Rita Montaner. Un nombre que ahora todo al aire.// Porque eso fue ella y allí en forma de música.

ERNESTO LECUONA

Rita de Cuba, Rita la Única... No hay un adornado modo de llamarla, si ello se quiere hacer con justicia. «De Cuba», porque su arte expresa hasta el hombre humano lo verdaderamente nuestro; «la Única», pues sin ella y nadie más, ha hecho del violeta habanero, de la calle cubana, una categoría universal.

NICOLÁS GUILLÉN

«Ella debe haber vivido muy lejos de ser Rita Montaner, la Única, la artista que representó elocuentemente al pueblo cubano con sus genial y clamor inequívoco.

BOBBY LALL

UNOSOTROS

spine: RITA MONTANER TESTIMONIO DE UNA ÉPOCA — Ramón Fajardo Estrada

BOLA DE NIEVE

Si me pudieras querer

RAMÓN FAJARDO ESTRADA

(spine) BOLA DE NIEVE · Ramón Fajardo Estrada

LUIS MARQUETTI
GIGANTE DEL BOLERO
EL HOMBRE SIN ROSTRO

LUIS CÉSAR NÚÑEZ GONZÁLEZ

(spine) LUIS MARQUETTI GIGANTE DEL BOLERO

Dulce Sotolongo conoció de forma casual a Leopoldo Ulloa, le propuso entrevistarlo para hacer un libro y surgió una inquebrantable amistad. La autora hace un recorrido por la vida del compositor a través de sus canciones e intérpretes logrando un rico testimonio de la música cubana, entre los artistas que cantaron sus composiciones están: Celia Cruz, José Tejedor, Tirso Guerrero, Celio González, Caíto, Lino Borges, Wilfredo Mendi, Moraima Secada, Roberto Sánchez, Clara y Mario, Los Papines, Pío Leyva. *En el balcón aquel* es un libro que te atrapa desde la primera línea, no permitirá que dejes de leer hasta su final.

Para los amantes de la música cubana de todos los tiempos, esta será una edición muy especial porque rinde honor a quien honor merece, a un grande del bolero: Leopoldo Ulloa.

Eduardo Rosillo Heredia

Autodidacta, creador absolutamente intuitivo, un día compuso «Como nave sin rumbos, Luego surgió una larga fila morena: «Destino marcado», «Me equivoqué», «Perdido en la multitud», grabados por Frank Fernández, «Te me alejas», «Es triste decir adiós», «No extraño mi amor», «Adiós me dices ya»; y el representativo «Por unos ojos morunos». Esta producción sitúa a Leopoldo Ulloa, como el más sostenido y consecuente creador de la línea del bolero moruno.

Helio Orovio

UNOS&OTROS
EDICIONES

EN EL BALCÓN AQUEL

LEOPOLDO ULLOA, EL BOLERO MÁS LARGO: SU VIDA

UNOS & OTROS
MÚSICA

DULCE SOTOLONGO

233

En esta obra documental está todo Willie Rosario, el ser humano y el organizador, el hombre y el músico, el jazzista y el salsero, el comienzo y el continuo, el borinca y el afro-latino-americano. Y está, sobre todo, su testimonio, su voz, para que esta y las siguientes generaciones entiendan que es lo que hay detrás de tantas creaciones musicales. Robert ha extraído de Rosario la esencia de su sentido y nos cuenta en estas páginas los secretos de su afinque.

José Arteaga

Willie Rosario es su gran maestra. Para nosotros ha personalmente siempre ha sido una figura de mucho aprendizaje por su control sobre el ritmo, aspecto en el que es un pionero.

Edwin Clemente

Willie Rosario siempre se ha preocupado por tener excelentes músicos y contar con los mejores arreglistas para su orquesta. Su experiencia y sabiduría ha ido dejando una huella imborrable. Es el timbalero de más cadencia y sentido clásico que existe. Una leyenda viva de la salsa. Willie es el maestro del swing.

Edwin Morales, Mulenze

El trabajo de Willie Rosario es una colección de aciertos y logros en el conjunto musical de la industria salsera. En el arquitecto de un estilo y sonido inflexivos en generaciones posteriores de música. Es cuestionario de líneas armónicas y ritmico de piano. Bajo y metales barítono, creó un estilo agrícola y profundo que motiva piez y niños. Con visión musical y empresarial, convivencia, disciplina, elegancia y regalía profesional. Rosario ha mantenido por años con empuje acendrado de liderazgo que le ha ganado la admiración y aplauso de los bailadores de salsa en toda el mundo.

Elmer González Cruz

El músico Willie Rosario es una de esas figuras del protagonismo de la salsa que han cargado sobre sus hombros la lucha por la permanencia del género, lidiando contra las adversidades que, en muchas ocasiones, impone el mercado artístico.

Hiram Guadalupe Pérez

No sorprende ha sido una escuela para muchos cantantes y músicos. El concepto desarrolló, donde el sexo turbante vivo a ser protagonista, es un concepto definitivamente ganador. Tenemos que estar muy agradecidos por la aportación que Willie Rosario ha hecho a la música latina, no solo en la salsa, también en el folклor.

Néstor Galán, el Búho Loco

UNOSOTROS

Robert Téllez Moreno

WILLIE ROSARIO

EL REY DEL RITMO

Biografía autorizada

WILLIE ROSARIO

FRANKIE RUIZ

FRANKIE RUIZ
VOLVER A NACER

ROBERT TÉLLEZ
FÉLIX FOJO

VOLVER A NACER

LÍNEA GRIS
EDICIONES

RAY BARRETTO
FUERZA GIGANTE

ROBERT TÉLLEZ MORENO

ROBERT TÉLLEZ MORENO

RAY BARRETTO FUERZA GIGANTE

LÍNEA GRIS
EDICIONES

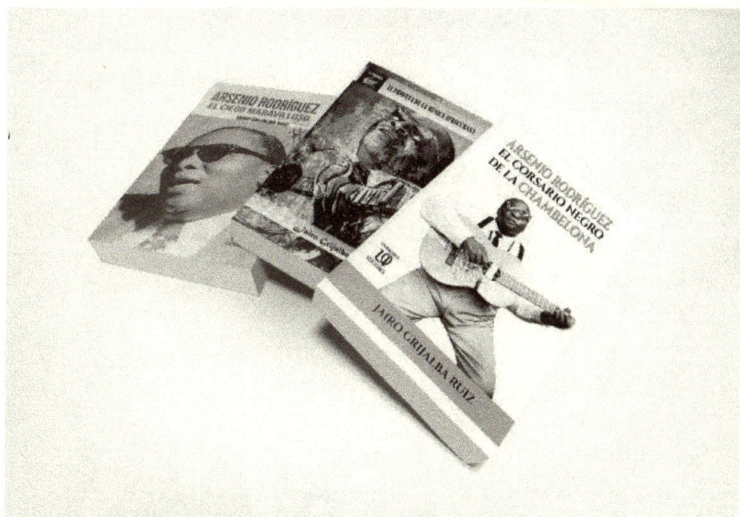

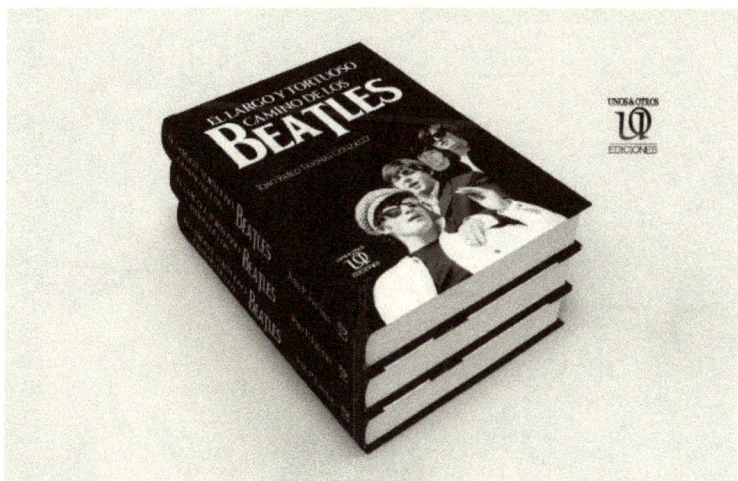

MICHAEL JACKSON

Joao Pablo Fariñas

MICHAEL JACKSON
EL REY DEL POP

Han pasado diez años de la muerte de Michael Jackson, y su legado sigue vivo a pesar de la controversia que existe sobre su persona. Este es un libro para los *fans* de este icono mundial de la música. Un recorrido por la historia de su carrera musical, desde el surgimiento de los Jackson Five hasta su muerte, es una recopilación de toda la producción discográfica del Rey del pop, con reseñas de las revistas especializadas, la historia de algunos de sus álbumes, fotos, canciones, videos y estadísticas de todos los éxitos que este músico sin igual. Michael Jackson, el Rey del pop es un homenaje que el autor le dedica al Rey destacando valiosa información sobre la trayectoria musical de los Jacksons, discografía de todos sus hermanos, fotos, así como su relación con la disquera Motown Records y la música negra norteamericana.

MICHAEL JACKSON : EL REY DEL POP   Joao Pablo Fariñas

UNIÓN & OTROS
EDICIONES

UNIÓN & OTROS
MÚSICA

236

ESTUDIO ARMÓNICO
DEL LAÚD
CONTRALTO CUBANO

Erdwin Vichot Blanco

El laúd es un instrumento musical de cuerda parecido a la bandurria, pero de caja más grande y sonido menos agudo. Existen hoy muchas variedades en el mundo. Hay un laúd cubano (contralto) que tiene la misma apariencia que la versión española, solo que la afinación es diferente. Este instrumento se vincula con el campo, la tonada, el punto y otras obras musicales como: guajiras, habaneras y criollas.

El destacado laudista cubano Erdwin Vichot Blanco, considerado por el periódico *El Ideal*, de España, como: «El Jimmy Hendrix del laúd», ha ideado este libro como una herramienta de aprendizaje para las nuevas generaciones interesadas en continuar la tradición. De forma didáctica el autor nos deja instrucciones, recomendaciones, enunciados de acordes y posiciones que seguro serán de gran utilidad para el estudio a los futuros laudistas.

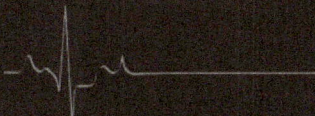

www.unosotrosediciones.com

infoeditorialunosotros@gmail.com

UNOSOTROS

UnosOtrosEdiciones

Siguenos en Facebook, Twitter e Instagram:

www.unosotrosediciones.com

www.ingramcontent.com/pod-product-compliance
Lightning Source LLC
Chambersburg PA
CBHW021050090426
42738CB00006B/274